扫码免费观看《传染》视频讲解

扫码听姊妹篇《疯传》精华解读

解密事物流行的科学方法
让你的产品、思想、行为像病毒一样入侵

传染

塑造消费、心智、决策的隐秘力量

INVISIBLE
INFLUENCE

The Hidden Forces
That Shape Behavior

［美］乔纳·伯杰（Jonah Berger）◎著

李长龙◎译

电子工业出版社
Publishing House of Electronics Industry
北京·BEIJING

版权贸易合同登记号　图字：01-2016-5251

图书在版编目（CIP）数据

传染：塑造消费、心智、决策的隐秘力量/（美）乔纳·伯杰（Jonah Berger）著；李长龙译. —北京：电子工业出版社，2017.8
书名原文：Invisible Influence: The Hidden Forces That Shape Behavior
ISBN 978-7-121-31617-3

Ⅰ. ①传…　Ⅱ. ①乔…　②李…　Ⅲ. ①市场营销学　Ⅳ. ①F713.50

中国版本图书馆CIP数据核字（2017）第107701号

书　　名：传染：塑造消费、心智、决策的隐秘力量
作　　者：［美］乔纳·伯杰（Jonah Berger）

策划编辑：郭景瑶（guojingyao@phei.com.cn）
责任编辑：雷洪勤
印　　刷：三河市鑫金马印装有限公司
装　　订：三河市鑫金马印装有限公司
出版发行：电子工业出版社
　　　　　北京市海淀区万寿路173信箱　　　　　邮编：100036
开　　本：720×1000　1/16　　印张：19.75　　字数：259千字
版　　次：2017年8月第1版
印　　次：2021年3月第14次印刷
定　　价：58.00元

凡所购买电子工业出版社图书有缺损问题，请向购买书店调换。若书店售缺，请与本社发行部联系，联系及邮购电话：（010）88254888，88258888。
质量投诉请发邮件至zlts@phei.com.cn，盗版侵权举报请发邮件至dbqq@phei.com.cn。
本书咨询联系方式：（010）88254210，influence@phei.com.cn，微信号：yingxianglibook。

继畅销书《疯传：让你的产品、思想、行为像病毒一样入侵》之后，

乔纳·伯杰的又一力作。

《传染：塑造消费、心智、决策的隐秘力量》

INVISIBLE INFLUENCE: The Hidden Forces That Shape Behavior

罗伯特·B. 西奥迪尼　全球说服术与影响力研究权威,《影响力》的作者

"凭借敏锐的洞察力，乔纳·伯杰解开了各种外界影响的隐形外衣，揭开了人类行为的奥秘。"

查尔斯·都希格　2013年普利策奖获得者，《习惯的力量》的作者

"乔纳·伯杰又一次写出了一本令人爱不释手的书。书中洋溢着足以改变人们世界观的理念和工具。"

威廉·尤里　国际谈判协作组织顾问，《内向谈判力》的作者

"想要知道影响自身行为的因素何在，请拜读乔纳·伯杰的最新力作。书中充满了发人深省的研究、令人难忘的故事和极富洞察力的见解，定会让你大开眼界。这是非常棒的一本书！"

阿里安娜·赫芬顿　赫芬顿邮报媒体集团联合创始人和总编，《成功的第三种维度》的作者

"和《疯传》一样，乔纳·伯杰带我们透过事物表象看本质，得出令人着迷的结论。《传染》一书定能改变我们看待自己和周围世界的方式。"

艾米·卡蒂　《存在》一书的作者

"从第一页起，本书就会改变你看待自己和他人的方式。这本书令人大开眼界、爱不释手。"

谢家华　美捷步公司首席执行官

"想要带动他人、做出聪明的决定，想要了解人类行为的奥秘，本书将教你如何做到这些。非常棒的一本书，极富洞察力。"

瑞安·霍利迪　美国网络营销鬼才，《一个媒体推手的自白》和《增长黑客营销》的作者

"乔纳是当今出版界最富创新精神的市场营销学和心理学研究专家之一。他的观点独辟蹊径、发人深省，文风朴素而务实。我会拜读他所有的作品，并积极加以运用。"

安妮·费希尔，《财富》杂志网站

"《传染》既让人增长见识，又不乏海滩读物的轻松活泼，这在商业书籍中非常罕见。"

《出版商周刊》

"伯杰为我们打造了一本令人爱不释手的有关社会影响力的指南。伯杰的笔风一如既往地活泼，以一种令人称奇的方式将科学知识运用到现实生活中，将科研成果寓于故事之中。他的书总会揭开复杂事物的神秘面纱，让读者看到内在本质，令人豁然开朗。"

《科克斯书评》

"继《疯传》一书之后，伯杰继续探究为何我们要做自己在做的事情，以及我们种种行为背后的原因：政治因素、社会影响、经济考虑、心理情感……在将社会心理学的科学理念融入浅显易懂的生活实际方面，他做得非常出色。"

《Inc.》杂志网站（Inc.com）

"透过自己的业务视角来阅读一两本乔纳·伯杰的书，或许你能更有效地影响你的客户。"

《华盛顿邮报》

"这是一段人类集体心理的探索之旅，曲径通幽、令人着迷……"

目录
Contents

Introduction

引言

我们的决定都出自本心，对不对……上课次数越多的学生为何看上去越有魅力……几个词语如何改变我们对某人的看法……什么样的影响是无形的……

* * * * * *

想想你最近做出的选择，任何选择都行。比如，购买哪种麦片做早餐？看哪部电影？中午去哪家餐馆吃饭？当然也可以是更重要的决定，比如和谁约会？支持哪位候选人？选择进入哪个行业？

你是否想过做出这种选择的原因何在？为何你最终做出了这样的选择？

这个问题很简单。虽然你的头脑中可能会浮现出各种不同的原因，但总体而言，这些原因都指向一点：你的本心、个人品位和个人喜好。喜欢什么，不喜欢什么；觉得哪个人很搞笑，哪个人很有魅力；候选人的政策立场是否符合你的意愿……我们会根据个人想法和观点进行选择，而这一事实如此明显，往往让我们觉得不值一提。

但如果这一观点是错的，则要另当别论。

有时我们并未意识到，其他人对我们生活的方方面面有着巨大的影响。人们投票是因为其他人都这么做。和他人一起吃饭时，我们会吃得更多。邻居最近刚换了新车，我们也会做同样的事情。人们购买何种产品、选择哪种健身计划、在学校中得到怎样的分数以及选择何种职业都会受到社会影响的作用。这同样决定了人们要不要为退休后的生活提前储蓄、投不投资股市、捐不捐钱、加不加入兄弟会、节不节约能源、尝不尝试新发明……社会影响甚至关乎人们是否会参与犯罪活动以及对自己的工作是否满意。人们的所有决定中有99%都是受他人影响做出的，我们很难找到不受他人影响的决定或行为。

纵观我们生活的各个方面，只有一个地方貌似不存在社会影响。

那就是我们自己。

*　*　*　*　*　*

当我最初开始研究他人如何影响我们自身行为时，我选择在加州帕罗奥图市（Palo Alto）周边骑行，从寻找宝马车（BMW）来开始我的研究。

帕罗奥图市是世界上生活费用最昂贵的地区之一。股票期权和首次公开募股（IPO）让很多居民的腰包鼓了起来，也推高了物价，且从房价到私立学校的学费都相继高涨。附近有法拉利（Ferrari）和玛莎拉蒂（Maserati）经销商；在高级餐厅吃一顿午餐人均要花费200美元。

寻找宝马车就像寻找复活节彩蛋一样，无法百分之百确定哪里才能找到目标，只能靠直觉，更多靠运气。我沿着不同的街道来回慢速骑行，在车堆中借助车形和车标来寻找宝马车。在每个街角处我都会停下来，猜测自己走哪个方向最容易找到目标。去左边的牙医诊所？牙医通常会开好车，所以为何不去那里的停车场快速转一圈呢？还是去右边的高端杂货店？好像也值得一试。

每当我找到一辆宝马车，都会从斜挎包里拿出一张纸，将其小心翼翼地压在宝马车的雨刷器下面。我不是在散发汽车美容店的优惠券或汽车销售广告，我只是在做问卷调查。

那个时候，我和普林斯顿大学的艾米莉·普罗宁（Emily Pronin）教授正在研究影响购车行为的各种因素，即在人们看来，哪些因素影响了自己的购车决定，这些因素对于其他人的购车决定又起到了多大的作用。

除了价格、油耗和可靠性等常规因素外，本次调查中还包含更多社会影响方面的问题，比如人们的购车决定是否受到了朋友意见的影响？买宝马车是不是意味着身份高贵或者拉风？

每名调查对象都要对一系列的问题做两次回答：一次是关于自己的，另一次是关于自己所知道的另一位宝马车主的，问题诸如你是否觉得价格和油耗等对其他人的购车决定有很大影响？想拉风或者身份高贵的人是否也开这种车？

大半天的骑行之后，我在一百多辆宝马车上留下了调查问卷。每份问卷都附有一个已经写好地址的回信信封，以方便人们将填好的问卷寄回。

之后就是等待。

* * * * * *

第一天，左等右等邮递员才姗姗来迟。当我打开信箱时，里面只有满满的失望。除了一堆随机发放的优惠券和一家家具公司的样品，没有任何调查问卷反馈回来。

第二天，我在乐观之余多了一些谨慎。从信箱旁走过时我往里看了看，还是没东西。此时我开始担心了，人们是不是把调查这事给忘了？或许信封都被风刮走了？

第三天，再看信箱时我已经有了一种恐惧感。如果还没人回复的话，我只能跑出去再找一批宝马车了（或者要采取其他调查方式了）。最后，我在信箱里面看到了期待已久的回信，也就是几天前我压在别人雨刷器下的一个个白色信封。

次日，我又收到了一些回信，之后收到了更多的回信。成功了！我们通过收到的回复将人们的自我认知与对他人的感知进行了对比。

人们认为价格和油耗等因素很重要，并且对自己和他人同等重要。这是很自然的事情，因为价格对自己的购车决定影响很大，对其他人也具有同等重要的影响。

然而，在评估社会影响的作用时，事情发生了变化。不是说人们觉得社会影响不起作用，而是人们觉得社会影响确实有作用。人们很清楚，购车决定都会受到朋友想法的影响，也很清楚什么样的人会购买什么品牌的汽车。人们承认社会影响对于购车决定具有重要影响。

但人们认为，对他们自身购车决定的影响则需要另当别论。

在考虑他人的购车决定时，社会影响的作用显而易见。其他人会因朋友的想法或社交压力而改变购车决策，这种做法无可厚非。

然而在审视自己的购车决定时，社会影响消失了。人们看不到任何社会影响的存在。当人们举起镜子来审视自身行为时，会认为社会影响对自己完全不起作用。

并非只有购车行为如此，其他情况下也会出现这种不对等状态。比如购买衣服、政治问题投票或者文明驾驶，人们都认可社会影响的作用，但涉及自身时却完全变了样。人们可以看到社会影响对他人行为的作用，但却看不到其对自身行为的影响。

一种可能的解释就是社会称许性。人们并不认为自己会受他人影响，或许这是因为人们认为被他人影响并非好事。社会告诉我们要做自己，不要受他人影响，不要做随波逐流的旅鼠。人们认为受人影响并非好事，人们并不想让他人用消极的眼光看待自己，所以暗示自己不会受人影响而改变观点。

但事情并非如此简单。即使受人影响是件好事，人们也不认为会对自己产生作用。

当你到访一个陌生地方时，遵守当地习俗是一种礼貌行为；为正式场合挑选着装时，奇装异服通常并不是什么好的选择。即使在受人影响是件好事的情形下，人们也不愿承认社会影响对自己有作用。

在否认社会影响对自己作用的背后，有着更为微妙的原因，某些我们无法看到的原因。

只有你……

你上高中后，父母决定让你去做兼职。他们已经养活了你足够长的时间，现在需要你自己赚零花钱了。虽然这只是一份兼职工作，你只需一天外出工作几个小时，或一周工作几次，但这会塑造你的性格，并让你了解这个世界的运转方式。

之前你只照看过小孩子、剪过几次草坪，个人经历并不引人注目，但你可以找到一份在当地超市给顾客装袋的兼职工作。这份工作并不是最令人满意的，但肯定比清理肉案强。

慢慢地，你开始熟练地用纸兜和塑料袋装东西，你发现在七号购物通道装袋子的女生很漂亮，并且你已经不由自主地观察她好几周了。自我介绍之后，你俩开始聊天，聊你们的老板，聊各自所在的高中，以及如何装袋才能避免番茄被挤坏。

接下来一周，你们两个碰面的次数多了一些。再下一周，次数更多，聊天时间更长。很快，你发现自己会根据对方选择上班时间，你开始在工作时吹口哨，并最终鼓足勇气约她出去。

在吃了两百零七次饭、散步九十二次、度假三次和一次短暂的分手之后，你与对方结了婚，并且觉得她是你唯一会共度余生的那个人。

* * * * * *

灵魂伴侣这一观念存在的历史已经有数千年。在《会饮篇》（*The Symposium*）中，柏拉图写道，人类最早有四只手、四只脚，头上长着两副面孔，可以随意向前和向后走动，并且人类的体力如此强壮、精力如此充沛，以至于威胁到了本应统治他们的那些神灵。神灵们于是决定采取一些措施。

诸神探讨了多种应对方法。有的神灵想要灭绝人类——将人类永远清除掉，但诸神之一宙斯想出了一个更有创意的方法：人类为众神提供了各种贡品和祭品，为何要将其杀光呢？应该把每个人剖成两半，让他们记住这个教训，这会削弱人类的力量，让他们为自负付出代价。

众神采用了这一方法，每个人都从中间被剖成两半，像树桩那样被一分为二。

被剖开的人类当然很悲伤。即使伤口已经愈合，他们还是老想着另一半，想方设法找到另一半，试图让自己重归完整。

* * * * * *

与柏拉图生活的时代相比，如今人们的生活已经发生了很多变化，但真爱唯一的理念一直被保留了下来。约会应用Tinder可能已经取代了情书，猎艳可能已经取代了精心准备的求爱计划，但绝大多数人还是相信，有一个真命天子或真命天女在等着自己。正如分成两半的镜子和一个豆荚里的两粒豌豆一样，在某个地方有某个人能够让你成为完整的自己。他是你遗失的那片拼图，能够与你完美地契合。节奏布鲁斯（R&B）歌曲和浪漫喜剧也在不停地强化这一观点：如果你的爱情生活不顺利，请不要着急，你只是还未遇到自己的灵魂伴侣而已。

如果阅读报纸上的婚恋故事，或者询问大多数夫妻是如何相遇的，你得到的答案会惊人地相似："从看到他的那一刻起，我就知道……这种化学反应是我在其他任何人身上从未感受过的……我们就这样擦出了爱情的火花，我确信她就是我要找的那个人……"

绝大多数人都难以接受任何其他可能的解释。想让一个婚姻幸福的朋友对你怒目而视吗？那就告诉他，换个人他们一样会很幸福。

我们的爱人也许并不完美，但却是自己的爱人。并且我们110%地确信，自己的真爱不可能另有他人。

我们都认为自己是拿着一只水晶鞋的王子，正在寻找唯一能穿上这只鞋子的那个灰姑娘。

* * * * * *

但研究一下绝大多数的美国人是如何遇到另一半的话，就会发现一些有趣的事。美国有超过3.2亿人口，排除已婚人士，大概还剩1.6亿人。假设你是异性恋，你就有大约8000万人可供选择。

这其中，有一些人年龄不合适，支持的政党不对，或天理难容的是——竟然喜欢波尔卡舞曲，在排除掉所有这些不合适的人之后，还有数百万人可供你选择，其中很多人都可能成为你的真命天子或真命天女。

对全世界人口做同样的筛选的话，会有数亿人供你选择，其中任何人都有可能成为你的灵魂伴侣。

如果研究一下人们最终在哪里遇到自己爱人的话，就会发现地点相当集中。事实上，超过1/3的美国人是在工作中或学校里遇到自己的丈夫或妻子的。这本身并不稀奇，现在人们将大量的时间花在工作和学习上，很难与某个你此前从未谋面的人坠入爱河。

再想一想这意味着什么。对我们所有人而言，我们认为适合自己的那个人可能都是唯一的，在数亿人中，只有一个人是自己的灵魂伴侣。但在我们装袋子的同时，对方恰好也刚开始装袋子的概率有多高呢？我们所有人都会如此幸运吗？

* * * * * *

匹兹堡大学（University of Pittsburgh）理查德·莫兰德教授（Richard Moreland）开设了人格心理学这门本科课程。与大学里其他课程一样，授课地点是一个大型扇形报告厅，座位呈阶梯形。里面有接近200个座位，大部分都是大一大二的学生，只有少量的大三大四学生。男女学生大约各占一半，课堂上有肌肉男，有怪胎，有懒虫，也有积极上进的学生。

心理学课程通常会给那些参加学术研究的学生额外加分，莫兰德教授的课程也不例外。每学期期末，他都会询问学生是否愿意完成一次小调查，而大部分学生都愿意参与。

这个调查很简单。所有学生都会看到四个女生的照片（编号分别为A、B、C和D），然后要回答相关的几个问题：你觉得这四个女生魅力如何？你喜不喜欢与她共度时光？你愿不愿意与她交朋友？

四个女生都不是特别与众不同，就是典型的大学生，年龄相仿、穿着休闲，和整个学期一直坐在邻座的某个女孩并无二致。

学生们并不知道，他们本身就是精心设计的试验的组成部分。

整个学期中，照片上的那些女生都曾出现在课堂上。她们在开始上课前几分钟进入教室，慢慢走到教室前面，坐在大部分同学都能看到的位置。她们在课堂上安静地坐着听讲和记笔记，课后会和其他所有人一样收拾东西离开教室。她们与其他学生并无区别，只是不在点名册中。

还有一个更重要的细节，四个女生上课的次数各不相同。整个学期中，莫兰德教授要上40次课。A出现零次，B出现5次，C出现

10次，D出现15次。

毋庸赘述，不同的人会被不同的事物所吸引。有人喜欢金发，有人喜欢黑发；有人喜欢高大肤黑的英俊男性，有人则有不同的偏好（对那些身材矮小、皮肤白皙、不那么英俊的男性来说是个福音）。

学生们会对四个女生产生不同的看法也就不足为奇了。有人认为A性感美丽，另一些人则更喜欢C；有些人喜欢B的眼睛，另一些人则觉得D更有魅力。

虽然大家观点不一，但却存在一个非常明显的共性。上课次数越多的那位女生，在大家眼中的魅力越大。在学生眼中，上过15次课的女生比上过10次课的更有魅力，后者又比上过5次课的更有魅力，以此类推。

结果是，在别人眼前出现的次数越频繁，获得对方好感的程度就越高。

* * * * * *

你可能在想，是不是上了15次课的那位女生恰好外表更漂亮，或许她天生更有魅力。事实并非如此。没有选修该课程的那些学生觉得四位女生同样漂亮。在接触次数没有差别的情况下，四位女生看上去没有差别。

又是不是这些学生对经常上课的那位女生更了解呢？答案依然是否定的。这些女生在上课时没有和任何其他学生有过任何语言或非语言的互动。

学生们之所以更喜欢某位女生，只是因为看到她的次数更多。学生们觉得经常来上课的女生更有魅力，也更愿意了解这个人。这一切都源于在课堂上见到这位女生的次数更多。

乍听上去，"纯粹接触效应"（mere exposure effect）增强好感的理论可能很奇怪，但已被数百次的试验所证实。无论是大学年鉴上的人脸、广告信息、自造词汇、果汁还是建筑物，在人们眼前出现的次数越多，好感度也就越高。因为熟悉，所以喜欢。

人们看到某样东西的次数越多，对其喜爱的程度也就越高，这一规律本身就很有意思；但纯粹接触效应的背后还有另一个层面，会让这个规律变得更加有趣，那就是我们对此毫无察觉。

当莫兰德课上的学生被问到之前是否见过这些女生时，几乎所有人都给出了否定的回答。如果有人问这些学生，经常看到某位女生是否会影响其看法，他们会定定地看着问话之人，觉得对方已经失去了理智。学生们都会回答，"当然不会。见到某人的次数越多，觉得对方的魅力越大，这是什么逻辑啊？！"但事实就是如此。

无论意没意识到这点，我们都是莫兰德课上的学生，低估了社会影响力对自身行为的作用，因为我们并未意识到这种作用的存在。

在寻找社会影响力影响自身行为的证据时，我们往往会一无所获。我们意识不到自己会受到这样那样的影响，所以认为这种影响并不存在，但未察觉并不意味着这种影响不存在。

隐藏的说服者

先和我玩个小游戏，测一下你的记忆力。下面有七个单词，看看你能够记住多少。尽可能多记几遍，时间不限。

鲁莽

家具

自命不凡

角落

不合群

订书机

固执

进行记忆力结果测试前，你要先做点别的事情。以下是关于某个名叫唐纳德（Donald）的人的简单描述。阅读下面的文章，然后回答几个简单问题。

唐纳德花费大量的时间来寻找他所谓的"刺激"。他爬过麦金利山（Mount McKinley），坐皮划艇拍摄过科罗拉多急流，参加过"撞车大赛"（Demolition Derby），做过喷气船领航员（虽然对船所知寥寥）。他曾经数次冒着受伤甚至生命危险去做这些事情，现在他正在寻找新的刺激。他觉得，或许自己会尝试高空跳伞或者驾帆船横渡大西洋。显然，他很清楚自己能够很好地完成很多事情。除了商业活动之外，唐纳德与他人的联系很有限，觉得自己不需要依靠任何人。一旦唐纳德决定做某件事，他一定会把这件事完成，无论要花费多长时间，无论难度多大。他很少改变主意，即使有时改变主意会是更好的选择。

我知道你从未见过唐纳德，根据以上描述，你会选择用哪个词来描述他呢？

* * * * * *

被问及类似的问题时，大多数人都会给唐纳德来点负面的评价，认为这人鲁莽、有点自命不凡。毕竟驾帆船横渡大西洋风险很高，"他很清楚自己能够很好地完成很多事情"，这话听上去有点自以为是。另一些人认为唐纳德很固执（因为他不愿意改变主意），而且不合群（因为他不依靠任何人）。那么，你对他同样持负面评价也不足为奇。

如果之前我让你记忆另一组完全不同的单词的话，又会出现怎样的结果呢？对唐纳德的描述还是一样的，但你需要记忆的单词完全不同，那么你对唐纳德的评价会发生变化吗？

你会说，"当然不会。""记单词与评价唐纳德毫不相关。"你会认为，只要对唐纳德的描述不变，你对他的评价应该不会变。但你错了。

在阅读有关唐纳德的描述前，另一群人先被要求记住"喜欢冒险"、"自信"、"独立"和"坚持不懈"等单词，结果他们对唐纳德的感觉确实发生了变化。现在的唐纳德变成了一个更加正面的形象。在他们眼中，唐纳德横渡大西洋的行为不是在玩命而是在冒险，他不依靠别人不是说他不合群，这反而成了独立的象征。

同样的唐纳德，两次得到的评价却完全不同。原因何在？

脑袋里想着不同感情色彩的单词，再阅读有关唐纳德的描述，确实会给他的行为赋予不同的色彩，即使人们并未意识到这点。这些单词会让人们脑海中产生不同的想法，进而影响到对唐纳德行为的评价。所有这些都是无意中发生的，都受到了无形的影响。

无形的影响

本书研究了别人如何简单而微妙地影响我们自身的行为和决策，并且这种影响往往令人大吃一惊。

说到科学，人们通常会想到物理学和化学，试管、显微镜和拧在一起的双螺旋分子，实验室和其中身着白衣的研究人员，以及写满公式的黑板（像极了火星文）。你的想法是……呃，火箭科学家才能理解科学。

但科学并不仅仅发生在实验室中，它就在我们身边，每天伴随着我们每个人。

有人拍了拍我们的肩膀，致使我们做出更大胆的决定。因为最近麦迪逊（Madison）和索菲娅（Sophia）很"红"，所以我们给孩子取名米娅（Mia）。即使是陌生人或从未谋面的那些人，也对我们的判断和决定有着令人惊讶的影响：从别人口中得知某项福利政策受民主党或共和党支持，可能导致我们改变对该项福利政策的态度（即使两种情况下的福利政策完全相同）。

正如原子彼此撞击一样，社交活动会不停地塑造我们的心智和行为。正是这种社会科学决定了一切，包括你名字的由来，也包括你为何阅读这本书。

但社会影响的存在并不只会让我们与他人做同样的事情。如同磁铁有正负极一样，其他人会吸引我们，也会排斥我们。

有时我们会迎合或者模仿周围的人，有时也会标新立异，或者刻意避开其他人都在做的事情。周围的人都很聪明，那么我们可以变成幽默的人；交通拥堵时不想鸣笛，因为我们不想做别人眼里的"那种人"。

我们何时会模仿他人，何时会避免与他人做同样的事情呢？同龄人何时会激励我们努力工作，何时又会让我们放弃努力呢？这对我们的幸福、健康和成功又意味着什么呢？

本书会解决以上这些问题及其他相关的问题，深入探讨他人影响我们的各种方式。在几位了不起的同事的帮助下，我研究社会影响科学（The Science of Social Influence）已经超过十五个年头。作为宾夕法尼亚大学沃顿商学院的教授，我做了数百次试验，分析过数以千计的竞争行为，研究过数百万的采购行为。我曾研究过各种行为，包括邻居新买了一辆车，是否会刺激你也买一辆，也包括半场落后是否真的会让美职篮（NBA）球队更容易赢球。《传染：塑造消费、心智、决策的隐秘力量》这本书将这些现象以及其他诸多现象串在一起，揭示出影响我们行为的那些隐性因素。

本书第1章研究了人类的模仿天性。为何人们会选择跟风，即使明知道是错的；为何一个人眼中的苏打水变成了另一个人口中的汽水；为何模仿他人会让我们成为更好的谈判者；为何社会影响力会让《哈利·波特》以及其他风靡一时的事物变得难以预测，令业内专家头痛不已。

第2章研究了差异化背后的动机。有时人们会赶时髦、紧跟他人步伐，也同样会在时尚潮流太过拥挤时抽身下车。我们会讨论为何大多数的体育明星都有哥哥姐姐，为何所有的婴儿都长一个样（除了自己家孩子外），为何有人喜欢标新立异而其他人更喜欢随波逐流。

第3章开始解释这两种相互对立的倾向如何相辅相成。模仿他人还是标新立异，这在一定程度上取决于"他人"是谁。我们会讨论为何奢侈品上的商标反而更少，为何公司会将钱花在那些不穿自己品牌衣服的名人身上，为何人们会花30万美元买一块并不显示时间的手表，为何肤色会影响学习成绩，为何小小的绿青蛙却是动物王国的造假者。

第4章研究了熟悉感与新鲜感之间的对立关系，以及标新立异的价值所在。我们会弄明白为何外形大众化的汽车卖得更好，公鸡与美国第30任总统有何关系，为何飓风影响了孩子名字的流行度，为何现代艺术第一眼看上去很刺眼，但在看过几幅毕加索（Picasso）的作品后，会觉得康丁斯基（Kandinsky）的作品变得很顺眼。

第5章揭示了社会影响如何对人们的动机产生作用。为何周围有人时我们会跑得更快，但平行泊车时却会表现得很糟糕。为何观察自己的邻居能够赋予我们保护环境的最佳机会。蟑螂会告诉我们怎样的竞争原理，为何半场落后的篮球队赢得比赛的概率更高。

＊　＊　＊　＊　＊　＊

开始阅读本书前，我要提一个注意事项和一个要求。

本书所讲述的科学能够（并且已经）适用于解决各种实际问题，如帮助人们在工作中保持良好状态，取得更好的成绩，推动环保事业，推广产品和理念。

在阅读本书的过程中，希望你能够获得一些关于如何应用这些理念的灵感。在理解社会影响的过程中，我们能够改善自己的生活，也能够让他人的生活变得更好。为了做到这一点，每章最后都会讨论一些大家（以及公司）经常面临的问题，以及如何利用社会影响来解决这些问题，比如何时适合随大溜，何时要走自己的路，如何提高自己的影响力，如何利用这些理念让社交活动更成功、更有效果。

现在提一个要求。本书通篇都在讨论社会影响如何发生作用，有些影响方式甚至让人觉得匪夷所思。你很容易产生这样的想法，"我只需阅读此类研究，但这种研究并不适用于我"，"其他人可能会随波逐流，但我肯定不会"。

认为社会影响对自己不起作用的想法是错的。希望你阅读本书后能持开放的态度，通过更好地理解社会影响如何发生作用，让其为你所用。

我们都认为自己是羊群中的那只"孤羊"，但事实是否如此却要另当别论……

Monkey See, Monkey Do

01
有样学样

　　为何明知他人是错的我们还会盲目跟随……什么情况下雪碧会被称为可乐……其他人在提供信息的同时，也带来了压力……为何夫妻会越长越像……冰激凌与猴子的大脑活动有何关系……如何成为更好的谈判者……对风靡一时的事物如何解释……重复顾客点菜的话语，为何能让侍者得到更多的小费……如何摆脱群体思维……

* * * * * *

还有比比较两条线的长短更简单的事情吗?

* * * * * *

假设有人让你参加一个基础视力测试。你的面前有两张卡片,左边的卡片上有一条线段,右边的卡片上则有三条对比线段A、B和C。

你要做的事情很简单,只要从右边选出与左边卡片上的目标线段长度相同的那条线段即可。你只需确定A、B和C三条线的长度与目标线段是否相同,这应该很简单,对吧?

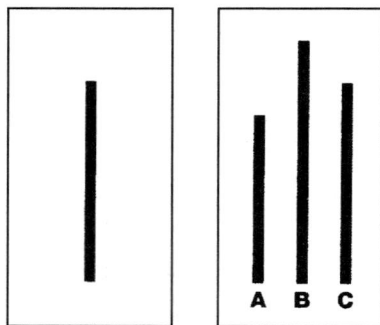

现在让我们增加点难度。假设你不是独自参加这个测试,而是和其他人一起。

试想,你出现在大学校园中一座毫无特色的大楼中,穿过一段楼梯进入B7号房间。房间里已经有另外六个人围坐在方桌的三面,你拉过从边上数的第二把椅子坐了下来，这也是唯一一把空着的椅子。

测试人员给出指令，重申你需要做的事情就是从右边选出与左边线段长度最为接近的那条线段。测试人员让每个人依次说出自己的选择，并且记录下来。

测试人员将手指向桌子左边的人，让他第一个开始回答。这位参与者一头红发，穿着灰领衬衫，看上去也就25岁左右。他手中的线段与你看到的一模一样，他毫不犹豫地说出了自己的判断："线段B"。下一个参与者貌似年龄稍大一些，可能27岁左右，穿着更加休闲。他给出了同样的答案：B。第三个人也同样选B，第四个人和第五个人也是如此，然后轮到你了。

"你的答案是？"测试人员问，"你会选择哪条线段呢？"

* * * * * *

1951年，心理学家所罗门·阿希（Solomon Asch）设计这个线段长度试验时，测试的并不仅仅是人们的视力情况，他更希望证明某个人的理论是错的。

几年之前，另一位心理学家穆扎费·谢里夫（Muzafer Sherif）进行了类似的研究，得出的结果令人震惊。谢里夫对人们的行为准则是如何形成的非常感兴趣，他要研究在一群人中如何形成共同的世界观。

为了研究这个问题，他将被试者置于特定的环境中。测试地点选在一间黑暗的屋子里，谢里夫在墙上设置了一个小光点，让被试者盯着光点看，并尽可能长时间地保持眼珠不动。然后让被试者说出光点移动了多远的距离。

光点实际上是静止的，丝毫未动。但对屋子中的人而言，貌似光点在一刻不停地轻轻移动。在一个漆黑的房间里盯住一个小光点，这听上去很容易，做起来却很困难。在黑暗中盯着某样东西看，很快我们的眼睛就会疲劳并会不由自主地转动，这将导致光点看上去好像移动了，虽然事实并非如此。

谢里夫将其称为"自动效应"（autokinetic effect），并对这一现象进行了研究，因为他想看看，人们在不确定的情况下对他人意见的依赖程度到底有多高。

首先他让被试者单独进入房间。每个人都根据自己的想法说出了一个光点移动距离的数值。有人认为是2英寸，有人认为是6英寸，不同的人估测出来的数值差别很大。

然后谢里夫将这些人分成了不同的小组。

这次人们不是单独进行测试，而是两三个人同时进入一个房间，每个人都要做出猜测，并且可以听到别人的答案。

被试者的答案可以不一致，他们可以做出任何猜测。当把被试者放在一起时，曾经五花八门的答案很快就变得统一起来。在同伴面前，人们的答案开始趋同。某位被试者独自猜测时可能会说是2英寸，另一个被试者此前的猜测可能是6英寸，但当他们坐在一起时，很快就达成了一个共同的猜测值。之前说两英寸的那个人放大了自己的猜测值（3.5英寸），说六英寸的那个人则减小了自己的猜测值（4英寸左右）。

被试者的估测结果开始与周围人趋同。

他们甚至都未意识到出现了这种从众心理。当谢里夫询问被试者的判断是否受到他人影响时，大多数人的回答都是否定的。

社会影响力是如此之强，以至于在重新要求被试者独自做出判断时，其作用依然存在。在分组实验之后，谢里夫又重新将被试者分开，让他们重新单独进行测试。即使现在已经不分组了，但被试者给出的答案仍旧和分组时一样。和其他人一起待在屋子中时放大了自己的估测值（比如从2英寸增加到4英寸）的那些人往往会猜测出一个更大的数值，即使此时他们是单独进行测试的。

实验结果是，群体的影响依然存在。

＊　＊　＊　＊　＊　＊

谢里夫的发现引发了争议。人们只会模仿他人做事情吗？难道我们只是毫无思想的机器，只会机械地模仿他人的行为吗？独立精神和思想自由的理念貌似受到了考验。

所罗门·阿希并不这样认为。

阿希认为，从众现象的出现只是由于谢里夫所设置的场景。猜测某个光点移动了多远，这个问题不像是问人们喜欢可口可乐还是百事可乐，也不像是问人们愿意在面包圈上抹黄油还是奶油芝士。绝大多数的人从未做过这种判断，甚至想都未想过。此外，实验中的正确答案并非显而易见，这并不是个简单的问题，而是个相当困难的问题。

总而言之，这种场景充满了不确定性。当人们感觉不确定时，依赖他人是说得通的。其他人的意见可供参考，尤其是当人们感觉不确定时，为何不参考别人的意见呢？当我们不知道怎么处理时，听取他人的意见并据此来调整自己的观点是理智的。

为了测试人们是不是因为答案不确定才选择从众，阿希设计了另一个实验。这次，被试者所要给出的答案并不模糊。他想知道的是，当答案显而易见时，人们将会如何做。当人们能够立即说出正确答案，无须依靠他人做出选择时，是否会有不一样的试验结果。

线段长度测试实验是个理想的选择，因为即使视力不好的人也能够给出正确答案。他们可能需要仔细观察一下，但这些线段就摆在眼前，没有必要依赖任何其他人。

阿希认为，既然答案很明确，从众现象应该会减少，而且会大大减少。为了更有效地进行实验，阿希对分组测试进行了人为操纵。

分组中总有一个真正的被试者，但屋子中的其他人都是阿希雇用的"演员"。每位演员都会给出提前设定的答案。

有时演员会给出正确的答案，即从右边选出与左边线段长度相同的那条。但在其他预先设定的实验中，所有演员都会选择同一个错误答案，比如在答案明显是线段C的情况下，他们异口同声地选择"线段B"。

阿希之所以选择线段长度测试实验，是因为他觉得这会减少从众心理。真正的被试者能够看出正确的答案，因此，其他人给出错误答案应该也不会有什么影响。人们应该会独立判断，并且相信自己的眼睛。也许某些被试者会犹豫一下，但大多数被试者应该都能给出正确答案。

然而事实并非如此，而且相去甚远。

从众现象泛滥成灾，约有75%的被试者至少会从众一次。虽然大多数被试者不会每次都选择从众，但平均每三次实验中就会有一次从众现象。

因此，就算人们能够用眼睛看出正确答案，有时也会选择遵从群体的意见，即使他们明知道群体的观点是错的。

结果，阿希是错的，谢里夫是对的。在答案显而易见的情况下，人们依然会模仿他人。

从众心理的力量

假设某天很热，是真的很热，热得连小鸟都失去了唱歌的兴致。你口干舌燥，走进附近一家快餐店买冷饮。你径直走到柜台，店员问你想喝什么。

如果你想喝甜的碳酸饮料的话，你会怎么对店员说呢？如果需要你在"请给我一杯＿＿＿＿＿＿"中填空的话，你会填什么呢？

答案在很大程度上取决于人们是在哪里长大的。纽约人、费城人以及在美国东北部地区长大的人会说"苏打水"（soda），但明尼苏达州人、中西部地区的人和在美国"大平原"（Great Plains）地区长大的人也许会说"汽水"（pop），亚特兰大人、新奥尔良人和南部大部分地区的人会说"可乐"（Coke），即使他们真正想要的是雪碧（Sprite）。

下次到美国南部时尝试点一杯可乐，这会是件非常有趣的事情。店员会问你要哪种可乐，你可以选择雪碧、胡椒博士（Dr Pepper），也可以选择正常的可乐。[①]

我们长大成人的地方，以及周围人群的行为准则和惯例做法，会影响我们生活的方方面面，包括我们的语言和行为举止。孩子们会选择与自己父母同样的宗教信仰，大学生会模仿自己室友的学习习惯。无论是购买哪种品牌的商品等小小的决策，还是在确定职业发展道路等重大事宜时，我们通常都会模仿身边人的选择。

这种模仿倾向如此根深蒂固，以至于动物中也存在这种行为。

---

① 或者想象一下你正在办公室中与同事聊天。你要去吃午饭，但其他同事都要赶在最终期限前完成手头的工作，无法和你一起去。你是个有礼貌的人，所以要问一下别人是否需要你帮忙带点吃的。你会如何称呼这些同事呢？你会使用哪个（或者哪些）词语来称呼两人或两人以上的小群体？下面的空白处你要填什么："_____ 想让我带点什么吗？"答案看上去很简单，但还是取决于伴随你长大的那些人。美国西部或北部的人通常会说"各位"（you guys），南部的人通常会说"大家"（y'all），肯塔基州人通常会说"你们大家"（you all），某些来自费城或者波士顿的人可能会说"你们"（youse），比如，"你们想让我带点什么吗？"

绿猴（Vervet）是一种体形较小、讨人喜爱的猴子，多见于南非（South Africa）。体形与小狗相近，身体呈淡灰色、黑脸，腹部有白色条纹。这种猴子是群居动物，猴群大小从十只至七十只不等。达到性成熟期后，雄性绿猴会离群出走、独立生活，并更换猴群。

科学家们经常会研究绿猴，因为他们具有人类的特征。这种猴子会出现高度紧张、情绪焦虑，甚至存在饮酒的社交行为和酗酒行为。和人类一样，大多数的绿猴都喜欢在下午而不是早晨喝酒，但贪杯的猴子早晨也会喝酒，有的甚至会一直喝到失去知觉。

在一次巧妙设计的研究中，研究人员训练野生绿猴避开某种食物。科学家为这些猴子提供了两盘玉米，一盘玉米是粉色的，另一盘玉米是蓝色的。其中一组猴子得到的粉色玉米是用气味难闻的苦涩液体泡过的；对于另一组猴子，研究人员则调换了颜色，蓝色玉米味道糟糕，而粉色玉米味道正常。

慢慢地，猴子们学会了避开那种对于他们味道糟糕的玉米。第一组猴子会避开粉色玉米，另一组则会避开蓝色玉米。正如美国东北部的"苏打水"和中西部地区的"汽水"一样，已经形成了地方习俗。

　　但科学家们并不仅仅是在训练猴子，他们感兴趣的是社会影响力。新加入猴群的未经训练的猴子会出现什么情况呢？为此，研究人员将不同颜色的玉米都拿走了，直到几个月后才重新提供，此时已经有新的猴宝宝出生了。他们重新将粉色和蓝色的玉米放在猴子面前的托盘中，只不过此时两种颜色的玉米都不再有不好的味道，两种的味道都很好。

　　那些新生的猴宝宝会做何种选择呢？

　　既然两种玉米同样好吃，猴宝宝应该两种都吃才对，但事实并非如此。虽然某种颜色的玉米味道很差时这些猴宝宝尚未出生，但它们仍会模仿猴群中其他猴子的做法。如果自己的母亲不吃蓝色玉米，它们同样也不会吃。有些小猴子甚至还会坐在一种颜色的玉米上吃另一种玉米，完全忘记了自己屁股底下的玉米也是一种供选择的食物。

　　从众现象如此强烈，以至于更换猴群的猴子同样也会改变自己食物的颜色偏好。研究过程中，恰好有一些年龄稍长的猴子更换了猴群。有的从不吃粉色玉米变成了不吃蓝色玉米，反之亦有。这些猴子改变了自己喜欢的食物颜色。更换猴群的猴子接受了新的习俗，选择的食物颜色也变成了新猴群惯常食用的那种。

在我们的成长环境中，人们可能会将碳酸汽水称为"苏打水"，但在搬到新的地方后，我们使用的语言也会开始有所变化。周围的人都称为"可乐"，那么若干年后，我们可能也会有样学样地这么说。

人们为何要从众

几年前，我坐飞机去旧金山参加一个咨询项目。如果你曾经到过湾区（Bay Area）的话，应该知道这里的天气多么反复无常，通常夏天不会那么热，冬天也不会冷风刺骨，但在特定的某一天，你无法预知天气究竟会怎样。11月气温达到华氏70度（21摄氏度），7月气温为华氏50度（10摄氏度），这在旧金山很常见。实际上，关于这座城市有一个很有名的说法，通常人们都（错误地）认为源自马克·吐温（Mark Twain），那就是"最寒冷的冬天是旧金山的夏季"。

我正好是9月去的旧金山。因为我是从美国东海岸出发的，所以穿着厚厚的棉衣。但在到达旧金山后的第一个早晨，当我准备外出时遇到了一个难题：要不要穿外套呢？我看了一下天气预报，预报说气温不到华氏60度（16摄氏度），但我并不十分相信，这个温度也刚好说不上是温暖还是寒冷，怎么办呢？

我没有选择自己胡乱猜测，而是采用了一个久经考验的方法：看看窗外的其他人都穿什么衣服。

当我们不确定自己应该怎么做时，会选择让其他人来教我们怎么做。假设你正在寻找一个停车位，在转了无数圈之后，你发现一条街的一侧完全没有任何车辆。成功！但很快惊喜之情就变成了一种担心：如果没人停在这里，或许我也不应该停在这。这里可能要清扫道路或者有其他特殊事件，又或者禁止停车。

但是，这条街上哪怕只有几辆车停着，你也不会有这种担心，你相信自己找到了一个合法的停车位。

你是否正在为挑选何种狗粮、选择将孩子送到哪个幼儿园发愁呢？知道他人做何选择，能够让你知道怎样做才是最好的。与类似犬种的其他养狗者聊聊，有助于帮你选择适合自己的狗体型和能量水平的食物。与其他的家长聊聊，有助于你确定哪所学校的师生比例合理、游戏和学习时间搭配更科学。

人们会依靠他人帮助自己确定黑屋子中的光点到底移动了多少距离，我们通常也会依靠他人作为有效的信息来源，帮助我们做出更好的决定。

利用他人作为信息源能够帮助我们节省不少时间和精力。我们无须每周给菲多（Fido）更换不同品牌的狗粮，也无须花费数天研读附近所有幼儿园的各种细枝末节，因为其他人为我们提供了一种有效的捷径，这种先验式经验让我们的决策过程更加快捷。如果其他人都这样做的话，自己也会选择甚至喜欢这样做，并且认为这样做应该挺好的。

* * * * * *

但正如线段长度测试实验所揭示的那样，模仿并不仅限于以他人为参考。即使在明知道正确答案的情况下，他人的行为仍对我们有影响，原因就在于社会压力。

试想一下，公司最近生意很好，老板带着所有人外出庆祝，大家来到某个新式美国餐馆，这家餐馆在老风味的基础上又增加了不少新鲜菜式，应有尽有，有龙虾通心粉奶酪，也有用金枪鱼而非猪肉做成的汉堡包。开胃菜很好吃，主菜一流，大家畅饮、聊天，每个人都度过了一个愉快的夜晚。

然后到了餐后咖啡和甜点时间（这家餐馆的甜点很有名），酸橙派看上去很好吃，双层巧克力蛋糕也同样不错。真是难以抉择！于是你决定让其他人先点，自己要再想想吃什么。

但接下来发生的事情很有意思，其他人都不想吃甜点了。

第一位同事说自己已经吃撑了，第二位同事说自己正在减肥，然后桌上的每个人都拒绝点甜点。

服务员又回到了你身边，"来点甜点？"他问。

这种情形与阿希的线段长度测试实验很像。你知道自己要做什么——点甜点，只是要考虑选择巧克力蛋糕还是酸橙派。其实你并不需要别人提供任何有用的信息来帮助自己做出更好的决定，即便是这样，你还是会感觉应该放弃甜点。

大多数的人都想让别人喜欢自己，我们希望自己能够被他人所接受，至少不被别人排斥。即便无法让所有人都这样，至少要让我们在乎的那些人喜欢自己。任何一个有过落选篮球比赛阵容或被排除在婚礼嘉宾名单之外经历的人都明白，这种滋味并不好受。

点甜点同样如此。你当然可以做唯一一个点可口美味的那个人，没有任何法律规定你不可以独自享用甜点，但这样做会让你感觉很怪异，其他人可能认为你很自私，或者觉得你以不恰当的方式出了风头。

因此，绝大多数情况下人们都会选择服从多数。既然其他人都放弃甜点，自己也会这样做，因为你想要成为人群的一部分。

但除了提供参考和迫于社会压力之外，从众做法的背后至少还有另一个原因。

变色龙和模仿背后的科学原理

照镜子时，我有时感觉镜子中出现的是别人的脸。

绝大多数人看起来都综合了父母的外貌特征。鼻子像父亲，眼睛像母亲；下巴像父亲，头发像母亲。

但我在照镜子时，尤其在我刚理完发时，我觉得镜子中出现的是自己的弟弟。我和弟弟分开的时间只有五年，我俩的外貌很像，有着相似的面部结构，相似的嘴形，只是我的头发更卷一些，颜色也更浅，但除此之外，我俩有很多相同的特征。

毫无疑问，基因在其中起到了重要作用，一母同胞的兄弟姐妹的多数基因组合都是相似的。在某些特征方面，兄弟姐妹简直就像是一个模子刻出来的。

但遗传学并不是兄弟姐妹长得很像的唯一原因，因为夫妻的外貌特征有时也会很像。夫妻双方没有亲属关系，但他们的相貌却会很像。试拿一对夫妻与随机选取的两人进行对比，就会发现夫妻之间的外貌相似度更高。

这种相似的部分原因在于选择性婚配（assortative mating）。人们通常会与某个年龄相仿、国籍相同、种族背景相似的人结婚。比如，瑞典人通常找瑞典人，二十多岁的人找二十多岁的人，南非人通常和南非人结婚，这就是所谓的"物以类聚，人以群分"。

此外，人们往往喜欢那些和自己外貌相似的人。如果你本人是瓜子脸或者颧骨突出，通常你会觉得同样长着瓜子脸或颧骨突出的人更有魅力，正如我们之前讨论过的"纯粹接触效应"理论一样。

所有这些原因都会促使人们与那些至少看上去和自己有点像的人结婚。

但事情并非到此为止，随着时间的推移，夫妻之间的相似度会越来越高。起初夫妻俩的外貌可能只有一点像，但多年之后，这种相似度会有所增强，就好像两张脸逐渐变成了一张脸。到第二十五个结婚纪念日时，夫妻双方看起来简直一模一样，像极了"一个豆荚里的两粒豌豆"。

人们可能将其归因于年龄或者共同的环境，但即使在对这些因素进行控制的情况下，夫妻双方的外貌相似度也会超乎想象。

这背后有着更微妙的作用机制。当我们高兴、悲伤或者出现其他情绪时，脸部会随情绪波动而发生变化。高兴时我们会微笑，悲伤时会皱眉，生气时会横眉以对。

虽然任何表情都是转瞬即逝的，但在重复多年之后，我们的脸上还是会留下相应的痕迹。鱼尾纹是眼角形成的细小皱纹，通常被称为笑纹，因为它的出现与笑容有关。和折纸一样，折的次数越多，折痕也就越深。

但我们的情绪并非与他人毫不相干，我们往往会模仿周围人的情绪表现。如果讲笑话时你的朋友笑了，也许你同样会笑；听到一个悲伤的故事，你的脸上同样会写满悲伤。

情绪模仿在夫妻之间尤为常见。夫妻之间有很多时间是在观察对方，彼此倾听，比如听听对方工作时发生了什么，对于因商店过早关门使对方吃了闭门羹而深表同情。

因此，夫妻不仅共处一室、共享食物，还会分享彼此的情绪。他们会一起哭、一起笑，甚至一起生气。经常讲笑话可能会让我们有鱼尾纹，但爱人总听我们讲笑话同样也会产生这种笑纹。我们会同时做出相同的表情，多年之后，这会在我们的脸上留下相似的细小痕迹^②。模仿行为让我们看上去很像。

* * * * * *

变色龙是一种不可思议的动物。绝大多数动物的眼睛都是一起转动的，而变色龙的双眼则可以单独转动，这让它们的视角几乎可以达到360度。变色龙的舌头同样令人印象深刻，其长度可达体长的两倍，抓捕猎物时，攻击速度可达每小时15英里。

但变色龙最为人所熟知的，还是它们随环境变化改变体色的本领。

实际上，类似的事情也发生在人类身上。我们无法改变肤色，但会模仿周围人的面部表情、肢体语言、行为动作，甚至是所使用的语言。

他人微笑时我们也会微笑，看到别人受苦时我们也会难受，和德州的朋友聊天时，我们也会使用"大家（y'all）"这个词。如果开会期间恰好有人做了摸脸或者跷二郎腿的动作，别人也可能会摸脸或者跷二郎腿。所有这些动作都是无意识地完成的。

几乎从出生第一天起，我们就开始有这种模仿行为了。出生两天的婴儿在听到其他孩子的哭声后也会哭，并且会模仿照料他

---

② 据称，随着时间流逝，越长越像的夫妻婚姻更幸福。分享担心和焦虑，彼此不断共情，这会提高他们的婚姻满意度。在潜移默化地彼此模仿多年之后，不仅幸福感会增强，也让他们看上去更像。

们的那些人的表情。看见其他人伸出舌头，小孩子也会做同样的动作。

所有这些模仿行为都是无意中发生的。看到别人靠着椅背坐着，我们并不会刻意或有意识地做出同样的动作，也不会因为某个朋友的特殊口音而改变自己的说话方式，但是，虽然我们也许并未意识到这点，却依然会不断地自动重复周围人的行为动作，潜移默化地模仿同伴的动作、举止和行为。而且，其他人同样也会模仿我们。

* * * * * *

如果不是一个甜筒的话，人们可能无法发现模仿行为背后的神经学理论。在意大利帕尔马（Parma），某个很热的中午，一只猕猴坐在神经科学实验室角落的笼子中，研究人员都去吃午饭了。这只猕猴被连在一台大型仪器上，细小的电极连着它的大脑，以记录其神经活动。电极集中监测运动前皮质（premotor cortex）的神经活动，该区域参与设计和发起动作，尤其是手部和嘴部动作。

每当这只猕猴有手部或者嘴部动作时，相关的脑细胞就会被激发，监测仪上就会记录一次声音。这只猴子抬手时，监测仪会发出"哔哔、哔哔"声。当猴子伸手往嘴里送东西时会发出"哔哔、哔哔……哔哔"的声音。整个实验室都回荡着这种声音。

研究进程一直按照预期在进行。每当猴子做出各种动作时，运动前神经元都会被激发。伴随着每个动作，仪器上都会发出响亮的"哔哔"声。科学家们去吃午饭时，仪器依然开着。

这时，一个研究生吃着甜筒回来了，他将甜筒放在胸前，就像拿着麦克风一样。这只猴子饶有兴趣地看着他，满眼渴望地盯着甜筒。

但接下来发生了一件超乎寻常的事。在这位学生将甜筒送到嘴边的过程中，监测仪响了，发出了"哔哔、哔哔"的声音，但那只猴子丝毫未动。

这位研究生走到离笼子更近的地方，又把冰激凌放到嘴边，监测仪又发出了"哔哔、哔哔"的声音。如果这只猴子没动的话，为何与设计和发起动作相关的脑部区域被激发了呢？

结果发现，猴子不仅做动作时这些脑细胞会被激发，当它观察别人做出同样的动作时，这些脑细胞同样也会被激发。

这只猴子将手伸到嘴边时，脑细胞会被激发；当它看到研究生做出将甜筒送到嘴边这个动作时，这些脑细胞同样会被激发。之后的实验表明，无论是猴子拿起一根香蕉，还是看到其他人拿起香蕉，这些脑细胞都会被激发。

令人惊讶的是，就连听到声音也会让这些脑细胞被激发。猴子剥花生时，以及听到别人剥花生时，都会激发这些脑细胞。因此，观察他人的动作会对猴脑产生与它本身做出这个动作同样的刺激作用。意大利科学家由此发现了我们现在所熟知的"镜像神经元"（mirror neurons）。

打从发现这种神经元的那一天起，研究人员就发现，人类同样拥有这种神经元。观察其他人的动作与自身做出该动作会激发相同的大脑皮质区。看着别人拿起某个东西，或者看到别人即将发起某个动作，都和我们自己做出该动作有着类似的效果。

其他人可以通过这种方式让我们做出行动，因为看他人做事能够刺激我们的神经，促使我们做出相同的事情。比如开会时看到某人坐得笔直，看到某人从盘子里拿了个糖果，受到对方动作的刺激，我们自己可能会做出同样的动作。在这个过程中，我们的大脑和肌肉被诱导着去完成一次模仿动作③。

模仿是人类的天性，这一理论本身就很有意思，同时行为模仿又有着重大的影响。我们天生会模仿他人，但别人模仿我们的话又会出现什么情况呢？

* * * * * *

杰克非常讨厌谈判，憎恨程度如此之高，以致他宁愿全价买一辆新车也不想讨价还价。在易贝网的网页上讨价还价足以让他抓狂。无论是在工作中整理薪资要求还是在与供货商敲定合同细节时，杰克都极力避免讨价还价。他感觉讨价还价就是在强迫他人、咄咄逼人、争吵不休。

但是，在某个周二下午，他还是被困在了一场激烈的谈判中。

③ 镜像神经元的出现可能是为了方便人类获取知识。从微笑、挪动四肢到最终直立行走和说话，人一出生就面临着掌握数百种生活技能的艰巨任务。即将发生的一切都是未知的。

镜像神经元能够加速学习过程。你不必自行钻研如何微笑，观察别人的动作能够让你做出同样的动作。镜像神经元会让控制婴儿面部肌肉的大脑区域做好准备，以便逐步做出微笑动作。通过这种方式，可以让婴儿更轻松地学会这种动作。

学习过程首先要产生镜像神经元。此前，生成不同动作编码的各种感觉神经元（sensory neuron）与负责做出这些动作的运动神经元（motor neuron）之间并无任何关联。但通过自我观察，或者在成年人与婴儿做出相同表情的情境下，负责观察某种行为的感觉神经元被激发，并与做出该动作的运动神经元建立了联系。"同步激活"又强化了二者之间的联系，最终导致了镜像神经元的形成。这是一种同时被激发、相互关联在一起的神经元。

那是一堂关于谈判的MBA课上，杰克要扮演一位加油站老板，谈判对手是苏珊。他的工作是要给自己的加油站卖个好价钱。

在过去的五年中，这位老板和妻子每天都工作十八个小时，已经积攒了足够的钱来实现人生理想——环球航行。他们将从洛杉矶出发，用两年时间蜿蜒穿过几十个地方，这些地方他们之前只是在书本上看到过。他们已经预订了一条好看的旧船并付了订金，并且正在配置航行装备。

他们唯一的羁绊就是那个加油站，因为环球航行需要很多钱，他们只能将其卖掉。作为老板的杰克在努力尽快将加油站转手，但为了支付航行费用，售价必须达到一定的金额。

谈判桌对面坐着苏珊。

苏珊代表的是德州石油（Texoil），这家大型油气公司有兴趣收购杰克的加油站。这家公司正在进行战略扩张，正在四处收购类似的私营加油站。

谈判伊始，杰克就强调自己的加油站有多好，周围几乎没有竞争，是个理想的投资机会。此外，由于过去十年中房产增值，得州石油如果重建一个类似的加油站的话，成本会更高。

苏珊对杰克所说的加油站的历史表示了认可，但反驳说得州石油需要投入相当多的资金对加油站进行改造升级，要添置新的油泵，增设新的机修区。得州石油只能为这个加油站出这么多钱。

正如所有谈判者一样，每个人都只盯着对自己有利的那些事实。他们的开场白就是强调自己价格合理，隐瞒对自己不利的信息。

最终他们开始抛出具体的价格。

苏珊报价41万美元，杰克礼貌地表示了拒绝，他给出的要价是65万美元。苏珊稍微提高了一点报价，杰克的回应是稍稍降低了自己的要价。

三十分钟后，双方仍未达成一致。

* * * * * *

设计类似的谈判训练是为了提高学生的谈判能力。通过真实讨价还价的情境，学生能够增长经验，学会摸清对手底细以决定自己透露多少隐秘信息，以及如何达成一笔交易。

但乍看上去，这场谈判就像是一个残酷的玩笑，不存在谈判可行区域（Zone of Possible Agreement，ZOPA）。

在谈判中，谈判可行区域是让买卖双方更愿意达成协议而不是各自走开的区域范围。如果你愿意以高于100万美元的任何价格出售自己的房子，而买方愿意接受120万美元以内的任何价格，那就存在一个合理的潜在达成协议的空间：20万美元。只要报价在100万美元和120万美元之间，双方就会达成协议。

当然，双方都希望获得尽可能多的议价盈余。作为卖方，你希望卖出120万美元的价格，这样就可以用多得的20万美元买辆新车、供孩子读大学或者购买心仪已久的猫王埃尔维斯的天鹅绒画像。而买方当然愿意只出100万美元，他们希望把这20万美元留给自己，将猫王埃尔维斯的天鹅绒画像挂在自己的客厅中。但无论双方有多少议价盈余，两个人都会在这个范围内达成交易而不是各自走开。

有些情况下的谈判可行区域要小得多。如果你愿意以高于100万美元的任何价格出售自己的房子，而买方最高只愿意出到100万美元，则议价空间会相当小。买方能够说出他们希望的所有价格，如80万美元、90万美元，甚至是99.9万美元，除非双方触及自己的区间上限，否则无法达成协议。这种情况下，双方都没有多余的钱来买猫王埃尔维斯的天鹅绒画像。

因此，议价空间大时，双方会扭捏作态，你依然会选择对自己最有利的开场白，但达成协议的可能性很大。反之，议价空间越小，达成协议的难度越大，各方都希望努力让对方多让步，就很难达成协议。

德州石油的谈判看上去情形更糟糕。貌似双方根本没有谈判可行区域，德州石油授权给苏珊的购买价格低于杰克可以接受的加油站售价。即使双方都尽可能接近自己允许的极限，但仍旧无法达成协议，任何努力看上去都是徒劳的。

幸运的是，事情还有转机。

虽然看上去价格方面没有交集，但双方还有潜在的利益交集。德州石油当然想要买下这个加油站，同时也需要一位经理来管理。卖方在过去的五年中出色地完成了加油站的管理工作，他想将加油站转手，但在完成环球航行后也想找一份稳定的工作。所以，事情还有转机。

如果双方能够看到这种共同利益并聪明地设计交易结构的话，仍然能够达成协议。但是，双方不能只盯着加油站的价格，需要多维度考虑问题。买方可以将加油站的报价提高到上限，同时向现在的加油站老板做出承诺，在其航行之旅结束后为其提供一份稳定的加油站管理工作。这样的话，现在的加油站老板就有足够的钱去旅行，并且回来后也有稳定的工作。

因此，协议是可能达成的，但谈判双方彼此间的信任度要足够高，愿意透露更多的隐秘信息。杰克必须告诉对方，自己要出售加油站去度假；作为德州石油代表的苏珊必须告诉杰克，她需要某个人来管理这家加油站。买卖双方必须相互信任。

但在一次性的谈判过程中，绝大多数人都不可能建立这种信任感。各方都殚精竭虑地想从对方身上榨取最大的价值：如何才能在尽可能少透露信息的前提下让自身获得最大利益。让对方知道自己要去度假可能会削弱自己的谈判地位，因此处在杰克位置上的人通常不会透露这种信息。

苏珊怎么做才能获取杰克的信任呢？她如何才能说服对方，让他透露有价值的隐秘信息呢？

实际上，有一个简单的技巧可以将杰克和苏珊这样的谈判者顺利握手的概率提高四倍，虽然表面看上去，双方都是谈判中的失败者。

究竟是什么技巧呢？

那就是，模仿谈判对象的行为举止。

* * * * * *

研究人员想知道，模仿对方的行为举止是否有助于买方赢得卖方的信任。他们设置了多组进行同一谈判的"杰克"和"苏珊"，但在其中50%的试验组中，研究人员要求买方偷偷地模仿谈判对象的言谈举止：卖方搓脸他们也搓脸；卖方靠着椅子背坐着，他们也靠着；卖方弯腰坐着他们也弯着。但研究人员要求买方不能模仿得太明显，要小心翼翼地不能被对方发现。

这种做法看上去很可笑。如果搓脸或倚靠椅子背的模仿行为就可以促成协议，这是什么逻辑？

但事实就是如此。明显模仿对手行为举止的那些人，成功达成协议的概率提高了4倍；没有模仿行为的那些人几乎无法达成双方认可的协议；而偷偷模仿对方行为举止的人则有2/3的概率达成协议。

模仿令双方关系融洽，因此有助于社交。模仿就像一种社交黏合剂，能将人们彼此黏在一起。当某人的行为方式与我们相同时，此时不再是"我们对他们"的局面，我们会觉得彼此更亲近，关系更紧密，相互依存度更高。所有这些都是在无意中发生的。

如果某人的行为举止与我们一样或者很像的话，我们会觉得彼此间有共同点或者属于同一类人。出现这种现象的部分原因在于相似与亲近之间的关系，即人们通常会模仿周围人的行为举止。看到别人做出与自己相同或相似的事情，这会传递给我们一个无意识的信号：他和我们之间一定存在着某种联系。比方说，如果某人和我们有相同的口音或者喜欢同一支乐队，我们彼此间会产生一种亲近或紧密联系的感觉，这会增强我们双方的好感，让彼此的交往更加愉快。

通过模仿可以获得与人际交往同样的效果。说话方式更接近的闪电约会者，想要二次见面的概率会比其他人高三倍。而说话方式相似的情侣，三个月后依然在约会的概率会比其他人高一倍。

模仿同样会带来事业成功。在谈判过程中，模仿不仅有助于人们达成协议，还能让谈判双方创造价值，并让自己从中获益更多；面试时，模仿能够让面试者感觉更舒服、表现更好；在零售业，模仿能够增强说服力。

只有当我们不想与对方交往时才不会模仿他人。例如，当人们对当前感情生活满意时，模仿有魅力的异性的可能性会降低；只有在我们不想与对方有关系时，才会打破这种天性。

现在我们已经知道，人类通常会模仿他人做相同的事情，但这种模仿天性对流行事物的出现会有帮助吗？ ④

---

④ 模仿是人际交往中的标准组成部分，缺失的话会让人们感觉自己碰壁了。

流行事物背后的模仿效应原理

开始进入镜头的是一只脚，慢慢地踢打着课桌的铝制桌腿，然后是一只敲打课本的铅笔，最后出现了一张女孩的脸，她用手半撑着脸，无聊地等待着，等着表针指向三点钟。

时钟指针一秒一秒地往前挪：2点59分57秒……2点59分58秒，表针走动的声音夹杂着铅笔敲打课本的声音。镜头慢慢转向盯着表针看的学生，什么时候才能下课呢？连老师都迫不及待了。

最终，下课铃打破了这个僵局。学生们抓起书包，跳出座位，涌出教室。

然后是四节拍打击乐，歌曲开始，"噢，宝贝，宝贝……"，一个有磁性的声音响起。之后又是打击乐，"邦、邦、邦、邦、邦"，"噢，宝贝，宝贝……"

镜头聚焦在一个十几岁的女孩身上，深色的金发扎成小辫，末端是粉色蝴蝶结。她身穿的天主教学校女生制服，更像是万圣节的服装而不是现实中常见的那种，平整的白衬衫在腹部打了个结，黑色的短上衣，高高的黑丝袜。学生如潮水般涌入走廊，她扭动腰胯，突然和同伴一起开始跳舞。

"噢，宝贝，宝贝！我怎么会知道……?"

1998年初秋，通过这首歌，全世界认识了一个名叫布兰妮·简恩·斯皮尔斯（Britney Jean Spears）的女孩。

* * * * * *

《爱的初告白》（...Baby One More Time）仅仅是个开始，此后她一炮而红。这首歌当时打破了世界销售纪录，成为最畅销的单曲。美国《公告牌》（Billboard）将其评为20世纪90年代最佳音乐视频，并在流行音乐史上最具影响力的音乐视频投票中名列第三。布兰妮的同名专辑荣登美国白金唱片排行榜14次，全球销量超过3000万张。这是年龄不满二十岁的青年歌手最畅销的专辑，也是有史以来最畅销的唱片之一。

总而言之，布兰妮一炮而红。

但《爱的初告白》只是一个先兆，她的第二张专辑《爱的再告白》（Oops!...I Did It Again）是有史以来女歌手中销售速度最快的专辑。她的第三张专辑首次推出即在《公告牌》200强专辑榜中名列第一。

无论你是否喜欢她的歌，布兰妮都是20世纪初最著名的流行音乐偶像之一。除了格莱美奖（Grammy）外，布兰妮还赢得过九次公告牌音乐奖、六次MTV音乐录影大奖，并在好莱坞星光大道的一颗星星上留下了自己的名字。她的巡演收入累计超过4亿美元，是史上唯一一位在30年从业生涯中每个十年都有一张专辑和一首单曲排名首位的歌手。

这些成绩非常不错。

稍等，让我们回到这一切都未发生的那一刻，回到还没有这些巡演、没有这数百万张唱片，她的人生还没有发生转变的时候。想象一下，如果我们能够让世界重新来过，布兰妮还会如此受欢迎吗？这位流行公主还会一炮而红吗？

* * * * * *

成王败寇，布兰妮毕竟不是昙花一现，她的唱片销量超过1亿张，是有史以来唱片最畅销的歌手，她的身上必然有令其如此成功的某种特质。

布兰妮很早就展现出了有朝一日会成为巨星的迹象。她三岁开始跳舞，当她在选秀节目中获胜、参演商业广告时，同龄的我们绝大多数还在学习基础数学知识。她甚至参演了《新米老鼠俱乐部》

（*The All New Mickey Mouse Club*），这是青少年明星集中营，贾斯汀·汀布莱克（Justin Timberlake）和克里斯蒂娜·阿奎莱拉（Christina Aguilera）等都是从这部电视节目出道的。

当我们研究布兰妮等超级巨星时，都会认为他们完完全全异于常人，他们有着与生俱来的才华或某种内在的品质，这让他们大红大紫。

如果你问业内人士布兰妮为何如此成功，他们会给出相似的回答：布兰妮嗓音独特；她也许不是有史以来唱功最好的歌星，但她有自己的优势，那就是，纯真与性感的完美融合，加上高超的舞技，这让她成为一个完美的流行音乐巨星。正是这些特质让她如此成功，如果重新来过，这些特质依然会让她一炮而红。

她的成功是必然的。

我们会对大片、畅销书和其他热门事物做类似的假设。为何《哈利·波特》（*Harry Potter*）销量超过4.5亿册？这本书肯定很好看。有些报纸评论说，"它具有成为经典所需的一切要素"。另一些媒体称，"对引人入胜的故事做出响应是我们的天性"。销量如此之高的书应该比其他书的品质更高、更有意思、写得更好、更吸引人。

但他们成功的必然性，会不会并不像我们想象的那么高呢？

如果布兰妮等艺人只是在某些方面超越他人的话，业内专家应该能够看出来。是的，布兰妮的唱功可能不是最好的，但也许她的音色正适合流行音乐，所以才红遍全球。因此，批评家可能会贬低她，但业内专家一听就应该知道她会红，应该能够预计到她会成为巨星。

《哈利·波特》同样如此。它的作者J. K. 罗琳（J. K. Rowling）不是乔叟（Chaucer），但当罗琳在20世纪90年代中期四处向出版商推销《哈利·波特与魔法石》时，这些出版商应该立即从座位上跳起来将其出版。品酒行家能够分辨出普通的葡萄酒与上等葡萄酒的区别，在出版业摸爬滚打十年的人也应该能够分清良莠。普通人无法分辨的，专家应该可以。

但事实并非如此。

有十二家出版社在看过罗琳的手稿后拒绝了她。他们说这书太长了，且儿童读物不挣钱，他们还劝她"不要丢了正业"。

并且不止罗琳有过这种遭遇。《飘》在正式出版前曾经被出版社拒绝了38次。"猫王"埃尔维斯（Elvis）曾经被人告知应该回去继续当卡车司机。沃尔特·迪斯尼（Walt Disney）早年曾因"缺乏想象力和没有创意"而遭到解雇。

《哈利·波特》也是勉强才被出版的。某个出版商无意中将手稿给了自己的女儿，这才改变了《哈利·波特》和罗琳的命运。这个女孩一直缠着自己的父亲说这本书有多好，最后他才给了罗琳一纸合约，并让她逐渐成为千万富翁。

如果热门事物有其内在的品质能够让其脱颖而出的话，人们应该能预见到其成功。

但如果专家都会搞错的话，这又意味着什么呢？

* * * * * *

这个问题一直困扰着普林斯顿大学的社会学家马修·萨尔加尼克（Matthew Salganik）。畅销书、热门歌曲和电影要远比其他同类事物更成功，以致我们通常认为它们与其他同类事物有着本质的区别。

但如果最好的事物远比其他同类好的话，为何专家在发现它们时会遇到这么多困难呢？为何如此多的出版商错过了与罗琳签约的机会呢？

为了找出背后的原因，萨尔加尼克和同事设计了一个简单的试验。他们设计了一个网站，人们可以在该网站上试听歌曲并免费下载。这些歌曲并不是什么知名歌曲或者知名乐队的作品，只是一些不知名歌手的不知名作品，或者是首次亮相的组合，一些名叫"末底改加油"（Go Mordecai）⑤、"沉船联盟"（Shipwreck Union）和"52号地铁"（52 Metro）的乐队。

这些歌曲被列成了清单，人们可以点击任何歌曲试听，喜欢哪首歌就将其下载下来。每个试听者获得的歌曲排行顺序都是随机的，以便让每首歌都能获得同等的关注度。参加试验的人数超过了1.4万人。

除了乐队名字和歌曲名字外，其中一些被试者还可以知道其他听众喜欢哪些歌曲，因为他们能看到每首歌的下载次数。例如，如果有150人下载了"52号地铁"的《禁闭》（Lockdown），歌曲后面就会出现数字150。

就像畅销排行榜一样，对于这些"社会影响"试验参与者而言，歌曲是按照人们的认可度排序的。下载次数最多的歌曲排在第一位，次数第二多的排第二，以此类推。每当有人新下载歌曲时，歌曲的下载次数和排行榜会自动更新。萨尔加尼克对人们下载哪些歌曲进行了测试。

---

⑤ 末底改：《圣经》中的故事人物，以斯帖（Esther）的堂兄，从哈曼（Haman）手中救出了犹太人。——译者注

只是提供他人的选择信息就会产生巨大的影响。突然间，人们开始更倾向于跟随他人的选择，就像在漆黑的屋子中盯着光点看一样，人们会选择试听和下载别人喜欢的歌曲。

其中一些歌曲开始变得更受欢迎，最受欢迎的歌曲与最受冷落的歌曲之间的差距被拉大。受欢迎的歌曲变得更受欢迎，受冷落的歌曲的关注度则进一步降低。歌还是那些歌，但社会影响的存在使好的更好、差的更差。

从中可以清楚地看出人类模仿他人的天性如何影响到事物的流行度，但萨尔加尼克的试验还没完，因为到此为止还未解决前面的谜题。某些歌或者某些书会比其他同类更流行，但为何掌握市场调研信息的专家无法提前预见到其成功呢？

为此，萨尔加尼克又增加了一个实验细节。

现实世界无法重新来过，没有人能够让时间停止并回到过去。那么如果想知道一切重来会有怎样的结果该怎么办呢？萨尔加尼克的办法是创造了8个不同的世界。这8个独立的世界，或者叫完全独立的小组，看上去一模一样，至少最初状态如此。

这是非常关键的。

好实验的魅力就在于施加控制。本次实验中，这8个世界起初是完全一样的，每个人得到的信息都是相同的。开始时，所有歌曲的下载次数都是零，并且，由于人们是随机分配到各个世界中去的，不同世界中的被试者也没有差别。因此，虽然有些人可能喜欢朋克音乐（punk music）而另一些人可能喜欢说唱音乐（rap），平均下来，各个世界中两种喜好的人数应该是均等的。这样，在所有可能的维度上，这些世界起初都是一样的。

虽然起初是一样的，但每个世界都独立向前发展，就像是8个不同的地球，彼此相邻但又独立旋转。

如果成功与否仅仅取决于品质的话，最终各个世界中出现的结果应该是相同的。好听的歌曲应该更受欢迎，不好听的歌曲应该不受欢迎，且在一个世界中受欢迎的歌曲，在其他所有世界中也应该备受瞩目。比如说，如果"52号地铁"的《禁闭》在一个世界中的下载次数是最多的，那么它在其他世界中也应该名列前茅。平均算下来，不同试验组中的人的偏好应该是一样的。

但事实并非如此。

不同世界中的歌曲流行度存在着很大的差别。在某个世界中，"52号地铁"的《禁闭》最为流行，而在另一个世界中，则变成了最不受欢迎的歌曲，在48首歌中排名第40。

同样的歌曲，被试者没有差别，但歌曲的成功度却有天壤之别。也就是说，初始条件相同，最终结果却完全不同。

为何成功度的差别会如此之大呢?

原因就在于社会影响。在"52号地铁"乐队更为流行的那个世界中，并非其中喜欢朋克音乐的人更多。但由于人们往往会模仿他人的选择，起初并不起眼的随机性差别就会像滚雪球一样愈演愈烈。

为了理解为何会出现这种现象，你可以想象一下在乡村集市上停车的场景。本来并没有什么真正的停车场，甚至也没有人指挥交通，只有一大片可以停车的场地。人们通常并不在意把车放在哪里，人们只想去吃棉花糖或者去玩摩天轮。地上也没有白色的行车指示线，因此，第一个开过来的人可以随意停放车辆。

如果第一个开过来的恰好是来自西部的某个家庭，他们停车时更喜欢让车头朝西，因此，你可以看到，他们开进空地、右转、停车，车头朝西。

然后第二个家庭出现了，他们来自南部，更喜欢让车头朝南而不是朝西，但倾向性不是很强。考虑到第一辆车车头朝西，他们将车停在一旁，车头同样朝西。

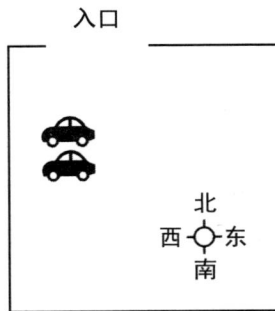

很快，越来越多的车辆出现了，虽然各地的人们会有各种不同的偏好，但他们都会模仿之前的车辆，最终停车场变成了这个样子：

入口

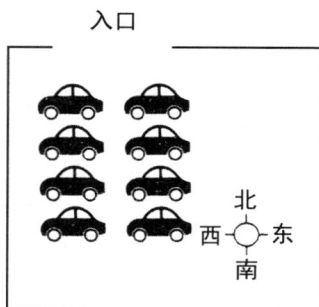

这完全说得通。

但是，如果第一个进入停车场的家庭不是来自西部而是来自南部的话又会怎样呢？

考虑到南部的人停车时喜欢让车头朝南，他们会这样停车：

入口

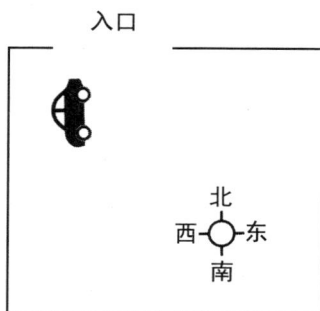

第二个出现的家庭来自西部。他们喜欢让车头冲西，但考虑到已经有辆车车头朝南停着，他们也会这样做。然后，越来越多的车辆出现了，所有人都会模仿之前的车辆，最终停车场变成了这个样子：

入口

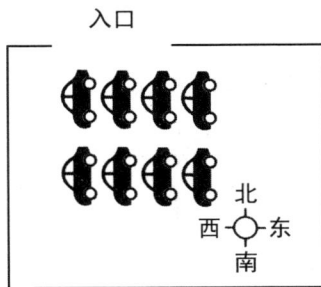

同样的8辆车，人们的停车偏好也完全相同，但结果却完全不同，最终每辆车的车头都朝南而不是朝西，这一切只是因为第一个停车人的偏好。

这一过程与之前我们看到的歌曲偏好实验研究殊途同归。想象一下，实验开始时用于研究社会影响的两个世界基本上是相同的，所有歌曲的下载次数都是零；平均来说，所有的实验参与者也是相同的。

但就像停车场中来自西部和南部的人一样，不同人的偏好可能略有差异，一个人可能更喜欢朋克音乐，另一个人可能更喜欢说唱音乐。

而且，这两个人说出其个人喜好的顺序也不同。在其中一个世界中，碰巧是喜欢朋克音乐的那个人先行选择，他试听了几首歌，发现了自己喜欢的一首朋克音乐，然后将其下载下来。朋克音乐得1

分，而说唱歌曲得分为0。之后来了第二个人，他拿第一个人的选择作参考，发现朋克音乐的下载次数更多，也更受关注。虽然第二个人有点偏好说唱音乐，但也喜欢朋克音乐，而且这首朋克歌曲貌似也还不错，因此他也下载了这首歌。这时，朋克音乐得2分，说唱歌曲得分还是0。

在另一个世界中，碰巧是喜欢说唱音乐的那个人先行选择。过程基本上是一样的，但结果却不同。他试听了几首歌，发现了自己喜欢的一首说唱歌曲，然后将其下载下来。并不是因为他不喜欢朋克歌曲，只是对说唱歌曲更偏好一点。这时，朋克音乐为0分，说唱歌曲得1分。第二个人喜欢朋克歌曲，但这次他是第二个进行选择的，因此，受他人影响，他可能同样会选择下载说唱音乐，而忽略自己轻微的偏好。这时，朋克音乐得0分，而说唱歌曲得2分。

很快，这两个曾经完全相同的世界开始看上去有所不同了。一个世界中排名榜首的是一首朋克摇滚歌曲，而另一个世界中排名榜首的则是一首说唱歌曲。

同样，某人对某首歌的喜爱不足以完全改变其他人的偏好，但足以让天平发生倾斜。名列榜首的歌曲受关注程度更高，更有可能被人们试听，被下载的概率也更高。因此，第一个世界中朋克摇滚歌曲被下载的可能性更高，而第二个世界中说唱歌曲被下载的可能性也更高。类似的选择过程会重复出现在下一个人身上。

过程虽然缓慢，但毫无疑问，社会影响的存在会推动曾经完全相同的两个世界向着不同的方向发展。当数以千计的人做出选择之后，会使结果相差甚远。

其背后的含义既简单又令人震惊，那就是热门事物的出现有时在于运气和群体效应，而不在于其品质有多高。如果让世界重新来过，布兰妮或《哈利·波特》可能不会走红。布兰妮的音乐视频恰好出现在了合适的时间，得到了某些人的喜爱，其他人因此而跟风，但她可能并不比我们从未听说过的那些优秀的歌手更好。

* * * * * *

这是不是意味着任何事物都能一炮而红呢？差书和烂电影也能像那些好书和好电影一样流行吗？

不尽然。即使是在萨尔加尼克的实验中，成功依旧与品质有关。在各个世界中下载次数更多的那些"好歌"，通常在现实中也会得到更多的下载次数，而"烂歌"在现实中的下载次数通常也会很少。最好的歌曲从来不会表现得特别糟糕，而最差的歌曲也从来不会有特别好的表现。

但现实中仍有许多变数。这就说明，品质本身并不总是足以决定一切。

有数不清的图书、电影和歌曲想要赢得人们的关注，并且任何人都不可能有时间浏览所有的图书封面或者试听所有的样片，绝大多数的人甚至都没有精力仔细查看其中很少的一部分。

因此我们会利用他人作为一种捷径，一种过滤器。如果一本书被列为畅销书，我们浏览这本书详细信息的可能性会更高；如果一首歌已经很流行了，我们试听一下的可能性也会更高。跟随他人能够节省我们的时间和精力，并且更可能帮助我们找到自己喜欢的事物。

这是不是说我们会喜欢所有这些畅销书或流行歌曲呢？不尽然。但我们去检查和尝试的概率会更高，并且因为可供选择的基数实在太大，某些事物获得的关注度的增加足以推动这些事物变得更流行。

知道别人喜欢某种事物也会让人们对其做出无理由的假定。登上畅销榜会让人们对其产生一种信任感，因为人们会想，既然那么多人选择了它，它一定很好。

* * * * * *

罗琳就在无意中印证了这些道理。在《哈利·波特》大获成功之后，罗琳决定写一部名为《布谷鸟的呼唤》（*The Cuckoo's Calling*）的侦探小说。然而在《哈利·波特》为其带来巨大名声的同时，评论家对其后续系列图书也越来越挑剔。罗琳担心自己的名声会影响读者对这部新小说的反应，而她想用作品本身来说话，因此，她用假名罗伯特·加尔布雷斯（Robert Galbraith）出版了《布谷鸟的呼唤》。这个假名是罗伯特·F. 肯尼迪（Robert F. Kennedy）和她童年时幻想出来的一个名字艾拉·加尔布雷斯（Ella Galbraith）的结合体。

罗伯特·加尔布雷斯的小说毁誉参半。几乎每个读过《布谷鸟的呼唤》的人都喜欢这本书，说它"富有创造力"、"引人入胜"。

但遗憾的是，读过这本书的人并不多，读者寥寥无几。《布谷鸟的呼唤》的发行非常低调，上架后前三个月只卖了1500册。

之后的某一天，这本书突然从亚马逊销售榜第4709位蹿升至榜首，并很快售出数十万册。

难道是人们认识到了罗伯特·加尔布雷斯的才华吗？非也。是读者仔细研读过《布谷鸟的呼唤》，发现这是一本文学巨著吗？也不是。

只是有人透露，这本书的作者实际上就是罗琳。

如果不是因为罗琳这个名字的话，《布谷鸟的呼唤》只是那些写得很好、希望赢得人们关注的诸多侦探小说之一。因为罗琳，它才得到了4.5亿人的认可，使得其他潜在的读者愿意阅读这本书。毕竟，世人同时出错的概率会有多少呢？

让社会影响发挥作用

这些有关模仿行为的科学发现给了我们一些重要的启示。

在试图说服他人或劝别人做某事时，我们通常默认为应该采取奖励或惩罚措施。比如，月度最佳职员会得到100美元，并且名字会被写在墙上的光荣榜上；大人告诉孩子要吃蔬菜，否则就没有冰激凌甜点。

虽然奖惩措施在短期内是有效的，但却会损害其设计之初所要达到的目的。

想象一下，你被困在一个外星球上，有两种食物可供选择：扎瓦特（Zagwart）和加尔布拉特（Gallblat）。你从未听说过这两种食物，并且它们看上去都有点奇怪，但你饥肠辘辘，必须吃些东西。

在你做出选择之前，提供食物的人说，在吃扎瓦特之前你必须先吃掉加尔布拉特。

那么现在你觉得哪种食物更好吃呢？扎瓦特还是加尔布拉特？

孩子会对冰激凌和蔬菜进行类似的推理。他们喜欢吃冰激凌，或许喜欢或不喜欢蔬菜，但以冰激凌作为奖励会弱化他们对蔬菜可能存在的任何好感。毕竟，如果蔬菜本身很好吃的话，为何吃蔬菜需要给奖励呢？

奖励一个冰激凌这种微妙的信号告诉孩子，蔬菜并不好吃，所以才需要给奖励（冰激凌）让他们吃蔬菜。当大人们不再提供奖励时，孩子们也就不再吃蔬菜了。当孩子们有机会自行选择食物时，蔬菜会被他们搁在一旁。对于公司员工同样如此，人们得到奖励后开始觉得，准时上班和好好工作的唯一原因就是能多挣钱，而不是因为他们有多在乎自己的工作。

利用社会影响会带来很好的成效。就像吃粉玉米和蓝玉米的猴子一样，人类也会模仿他人的选择和行为。如果父母好像永远都吃不够西蓝花的话，小孩也会照着做。

遗憾的是，很多家长给孩子的最初信号就是蔬菜不好吃。如果大人都不吃蔬菜的话，孩子又有什么理由喜欢吃蔬菜呢？

但如果大人首先夹到自己盘里的就是西蓝花，而且也是先吃西蓝花的话，孩子也会这样做。如果父母假装争论最后一块西蓝花到底归谁吃，孩子会更喜欢吃西蓝花。孩子看到父母享用某种食物的次数越多，他们做出相同选择的可能性越大。

模仿是一种非常有用的工具。

想象一下，在一个阳光明媚的春日里，你和几个同事外出吃午餐。你们坐在附近一家酒吧外面的餐桌前，在花几分钟浏览过菜单之后，你确定了自己要点什么。

服务员过来问你们要点什么，你快速说出了自己要点的东西："布鲁塞尔汉堡包，中份，加培根和车打奶酪（cheddar），配蔬菜沙拉。"

"好的，"服务员说，"布鲁塞尔汉堡包，中份，加培根和车打奶酪，配蔬菜沙拉，对吗？"

"是的。"你高兴地回答道，自己的肚子已经开始咕咕叫了。

你注意到这其中发生的事情了吗？可能没有。

我们每天遇到类似事情的次数没有上百次也有几十次。服务员不仅仅记录下你点的菜单，而且模仿了你的语言。他可以只说"好的"或"马上就好"，但他没有这样做，他跟你复述了你点的菜，并且逐字逐句地进行了复述，用词和你一字不差。

这看上去或许很不起眼，但研究发现，通过这种模仿行为，服务员得到的小费可以提高70%。

无论是想双方达成协议还是让某人做某事，或者只是想让别人喜欢自己，偷偷地模仿对方的语言和行为举止都是最简单的方法。即使只是在邮件中模仿对方的问候方式，都能拉近彼此的关系。

*　*　*　*　*　*

通过理解人类为何会模仿他人，我们可以学会如何让自己少受他人的影响。

群体决策通常会受到所谓的"群体思维"（groupthink）的困扰，即从众心理和对群体内部和谐的渴望会导致糟糕的群体决策。对某个小组讨论或委员会会议的过程进行观察就会发现，发言的先后顺序对最终的结果有着很大的影响。就像前几位听众的偏好决定了哪些歌曲会流行一样，讨论的走向或者投票结果取决于头几个发言的人持何种观点。持中立观点的组员通常会从众。并且，除非某人的反对意见十分强烈，人们不会随意更改最初的观点。从"挑战者"号航天飞机失事到古巴导弹危机，群体思维被认为是一切错误的根源。

人们都在说集体的智慧，但只有当每个人都贡献出自己的信息时，集体才是明智的。将这些信息拼在一起后，集体决策才会比任何个人决策都好。但如果每个人都选择从众或者每个人都不分享自己所掌握的信息的话，集体也就失去了存在的价值。

因此，将每个人掌握的特定信息都诱发出来至关重要。那我们该怎么做呢？如何才能鼓励大家把不同意见都大声说出来呢？

事实证明，只要有一个不同的声音即可。在阿希的线段长度测试中，如果之前有一个人给出了正确的答案，就足以让被试者自由地给出各自心目中的正确答案。我们不需要让屋子中的半数成员都这么做，只要有一个人即可。在自由表达自己的见解时，我们其实不需要成为成员中的多数，只要感觉自己并非孤身一人即可。

有趣的是，这种不同的少数派声音甚至也没必要是统一的。即使这个不同的声音给出的答案是错的（比如应该是线段A而不是线段B），这也足以让人们从容地给出个人心目中的正确答案（线段C）。因此，只要有一个不同的声音，即使与自己的答案并不一致，也会让人们更自然地说出个人的真实意见。

而这个不同的声音改变了讨论的性质。此时不再是正确与错误之分，也不再是自己是否和大家站在一起的问题，现在需要每个人表达出自己的观点，并且如果明显出现不同意见的话，每个人都能够很自然地与他人分享自己的真实意见。

为了鼓励大家说出不同的见解，有些管理者会暗地里指派某个人不时提出反对意见。这不仅能让那些同样持该反对意见的人站出来说话，也能让管理者听到更多的观点。

*　*　*　*　*　*

"有样学样"是对模仿行为的经典描述，"有样"的重要性要超乎我们的想象。但是，如果人们看不到或者注意不到别人在做什么，就不会受到群体思维的影响。比方说，如果一只猴子没看到其他猴子选择吃粉玉米还是蓝玉米的话，也就不存在受其他同类选择影响的问题。所以，只有在可以听到他人观点或者看到他人行为时，社会影响才会产生作用。⑥

因此，打破社会影响的一个办法就是对选择或观点进行保密。用匿名投票代替开会举手表决有助于让人们不再从众，避免群体思维。匿名投票能让人们更自由地说出自己的想法，即使只是在开会前让人们把初步的意见写下来都会有所帮助。这一行为看起来并不起眼，但在与他人互动交流前提前准备一份书面记录，会增加人们

---

⑥ 我们自己的选择同样如此。如果我们不想让别人来影响自己的决定的话，保密会有所帮助。这就是为何准父母会在孩子出生前对孩子的名字保密，免得某些叔叔阿姨会将这个名字跟某些搞笑的事物联系起来，以致自己不得不头疼地重新再想一个新名字。

从众的难度，提高人们各抒己见的概率。

这些原则同样可以用来对他人施加影响。有时某个观点会被淹没在诸多声音之中，但通过缩小小组规模，该观点的比重会得以提高。与其开会时尝试影响一屋子的人，不如之前先到每个人身边与其交流，这样会减小达成共识的难度。会上让那些持相同意见的人先表态，这样可以形成意见团体，有助于随后赢得那些中立的人的支持。

首先发言是一种影响讨论结果的简单方式。虽然也许不是每个人都会同意你的观点，但这会形成一种"引力"，将持中立态度的其他人吸附到你身边。

* * * * * *

这些理论也说明，为羊角甜甜圈（Cronuts）、日式乳酪蛋糕（Japanese cheesecakes）或任何其他一时流行的食物排长队也许并不值得。几乎可以肯定地说，附近会有同样好吃的食品，而且不需要等待50分钟。

在费城找牛肉干酪三明治时，旅游者总会被告知说应该去帕特（Pat's）或吉诺（Geno's）。费城南部这两家知名的三明治店，有夹着薄片肋眼牛排的长条形三明治，配上干奶酪、美国奶酪或奶酪酱

（Cheez Wiz），人们都是慕名而来。在深夜或者周末，这些店铺门前排起的长队可谓百年一遇。

但这些三明治店真的比其他同类好那么多吗？实际上，这真不好说。

但它们肯定是其中最突出的。很多年以前，无论是因为运气还是因为品质，它们在与同类店铺的竞争中脱颖而出，也因此被推荐给外地人。光顾过这些店铺的人们又会告诉自己的朋友，这些朋友又会告诉他们的朋友，就这样，起初细小的差别很快就被放大了。

任何事情都不可能一蹴而就。

因此，在排半天队等着玩迪士尼世界中的太空山之前，以及在为购买某种新产品而整宿排队之前，我们应该有足够的智慧考虑其他可能的替代品。有时，度假给人的感觉就像是要力图完成这样一个镜头集锦：在一个又一个知名景点前不停地排队，努力从人群中挤过去给一座桥或一座宫殿拍摄一张纪念照片。如果你乐在其中，这很好；否则的话，或许你应该四下看看，可能其他地方也同样好，而且还没有这么拥挤。

* * * * * *

最后要说的是，这些发现揭示了受他人影响的事物范围到底有多大，其中有的微不足道，有的至关重要。我们通常都认为自己的选择是以自我为中心的，我们认为自己很清楚地知道自己的偏好、自己的嗜好、自己内心喜欢的东西和讨厌的东西。但从我们所吃的食物到我们所使用的语言，再到各种流行产品，可以发现，其他人都对我们有着惊人的影响。如果你告诉某些人，他们谈判成功与否就在于对方是不是模仿他们的行为，对方肯定会嘲笑你说"你是不是疯了"。但这种影响确实会对谈判成功与否产生作用。

* * * * * *

很明显，我们的行为会受到他人的影响，而且通常我们都无法意识到这点。但这种影响只会让我们模仿他人做相同的事情吗？会不会让我们有时选择做不同的事情呢？

A Horse of a Different Color

02
标新立异

为何成功的运动员都有哥哥姐姐……与众不同的动机何在……与他人一起点菜为何会让用餐变成灾难……尤吉·贝拉（Yogi Berra）是对的……独立精神与小红莓酱……为何别人家的孩子看起来都一个样，自己家的孩子却与众不同……为何《体育画报》上广告的卖点是相似性，而《Vogue服饰与美容》的广告卖点是标新立异……

* * * * * *

12岁的摩根·布莱恩（Morgan Brian）坐在朋友家的计算机前，双腿在椅子上耷拉着，眼睛飞快地浏览着电脑显示屏，拼命地浏览着上面的一排排名字，先是A组，然后是B组，最后是C组。她没有找到自己的名字。

俱乐部所有队友的名字都出现在了上面，所有这10个人都入选了奥运发展计划团队或其他团队，唯独除了她。

布莱恩备受打击，她全身心地投入到了足球运动，最想要的就是在这个团队中占据一席之地。更糟糕的是，这个夏天她的所有队友都会去阿拉巴马州（Alabama）蒙特瓦洛（Montevallo）参加地区奥运发展计划训练营，只有她不能去。

夏天的训练很辛苦，但付出是值得的。这次失败激励她继续努力，布莱恩比以往任何时候都刻苦。

一直以来她就很瘦弱，她比一起踢球的那些女孩要矮和瘦弱很多，所以队友给她起了个外号叫"浮游生物"（Plankton）。

但后来她迅速地长高长大了，运动技能也在飞涨。她不断地训练、参加比赛，利用对手来打磨基本技术。胸部停球、截击、双脚两侧触球，她不断重复这些基本动作，直到将其变成第二本能。

一年之后，布莱恩入选了州足球队，然后是地区足球队，最终入选了国家青年队。十年之后，她以美国国家队最年轻队员的身份亮相，22岁的她成了帮助球队赢得2015年女子足球世界杯的关键成员之一。

作为一名多产的得分中场，布莱恩被称为是攻和守的黏合剂。有人认为她是美国足球的未来，是美国下一位巨星，是下一个米娅·哈姆（Mia Hamm）⑦。

但布莱恩人生中面对的第一个对手不是技巧纯熟的巴西前锋，也不是身材高大的德国后卫，而是自己的姐姐詹妮弗（Jennifer）。饭前她俩经常会在家里的前院踢球。詹妮弗比她大5岁，所以摩根赢的次数并不多，但这激发了她对足球运动的兴趣。

布莱恩并不是唯一有过这种经历的人，出色的女足队员通常都不是家中的长女。例如，在2015年美国女足世界杯阵容中，23位队员中有17位都有哥哥或者姐姐。

这仅仅是巧合吗？

---

⑦ 米娅·哈姆在国际比赛中总共为美国队打入 158 个进球，并两次当选国际足联足球小姐，帮助美国队赢得了两次奥运会冠军和两次世界杯冠军。作为女足历史上最有作为的球员，米娅·哈姆鼓舞了整整一代人，并且将这项运动带到了前所未有的高度。——译者注

* * * * * *

和其他所有组织一样，美国国家队同样很有兴趣预测哪些队员可能会有更好的表现，他们也想知道为何某些人比其他人表现更好，以及成功通常与哪些因素有关。

从国家队到中学生球队等年轻后备组，球员名额都是有限的，这使球员的挑选过程异常艰辛。教练们该如何选择队员，又凭什么预测某人有一天能够成为国家队中的一员呢？

为了找到答案，研究人员研究了各个年龄段的球员，具体范围是那些至少参加过一次美国女子国家队训练营的女足队员，年龄范围从14岁到23岁。他们度量了一系列的因素，从体能和心理状况到地理环境和个人意愿。

研究结果呈现出错综复杂的关系。

研究发现，成功的运动员通常和父母住在一起，父母中一方经常会自愿为球队提供一些帮助，并且父母通常受过高等教育。

此外还有一个因素显得十分突出：出生顺序。美国最优秀的运动员中，有3/4至少有一个哥哥或者一个姐姐。

不止足球运动员如此，通过对世界上三十多种运动进行研究，人们发现了相同的结果——顶尖运动员通常都是家中排行后面的孩子。

为什么有个哥哥姐姐会让人们更加擅长体育运动，这背后有很多原因。其中一个原因是，哥哥姐姐能够教弟弟妹妹运动技巧，这无疑是一种体育启蒙教育。

而且，哥哥姐姐能够成为训练伙伴或者竞争对手，"手足相争"的说法不是空穴来风。与年龄更长、体型也更高大的哥哥姐姐相互竞争，这会强迫弟弟妹妹更快地成长。他们必须要解决身形小、体重轻和速度慢的问题，为了追上并超过自己的哥哥姐姐，他们除了加快学习速度之外别无选择。这种天然的"努力比赛"环境会激励他们敢于冒险、学习运动技巧和强化身体素质。

有趣的是，虽然优秀的运动员通常都有哥哥姐姐，但他们并不一定从事相同的运动。通常情况下，哥哥姐姐很活跃、参加了某项运动，但最终弟弟妹妹却在其他运动上取得了成功。例如，优秀的足球运动员的哥哥姐姐从事的是篮球或者网球运动。

因此，如果他们不是从自己的哥哥姐姐身上学到这些技能的话，为何他们会更加成功呢？

* * * * * *

通常，家里第一个孩子的学习成绩会更好，他们上大学的概率更高，被名牌学校录取的概率也更高。

虽然有很多人将这些孩子的好成绩归因于父母投入的差别，即父母为第一个孩子提供的资源更多，但另一种解释则更具有社会意义。

长子长女是一个家庭中第一个去上学的孩子。虽然并非所有人都能在学习上有突出表现，但至少其中很多人都很努力地学习过。实际上，长子长女通常被人们认为是勤奋、认真的代表，长子长女通常在名人录中占据了多数，在获奖科学家名单中也是如此，包括诺贝尔奖获得者。长子长女在世界政治领导人中也占据着多数，包括美国总统。

出生在这样的环境中，年轻的弟弟妹妹们面临这样一种选择：他们可以同样好好学习，取得和自己的哥哥姐姐一样的好成绩；或者干脆打破传统，走另一条道路。

其中一条道路就是选择追求一个新的领域。这时，弟弟妹妹通常会在体育方面有很好的表现且这不止在优秀运动员中占据多数，而且在成功运动员中一般也会占多数。

有人对超过30万名准大一新生的课外活动进行了研究。这些学生分布在550多所不同的学校中，有规模较小的两年制学院，也有规模较大的四年制大学。虽然这些学生中几乎没人曾经参加过全国比赛，但该研究对他们在中等水平的体育成绩中的表现进行了研究，即是否收到大学校队的来信[8]。

结果发现，优秀的高中运动员通常都有哥哥姐姐。后出生的孩子更有可能在高中时收到大学校队的来信，更可能花时间与朋友讨论体育运动。

至于他们是有一个还是三四个哥哥姐姐貌似没有影响，重要的是，他们至少有一个哥哥或者姐姐。而长子长女收到大学校队来信的可能性较小，独生子女收到来信的可能性就更低了。

手足之间的差异不仅仅体现在学习和体育方面。长子长女通常在政治和社会信仰方面更加保守，不太可能支持堕胎或滥交。后出生的孩子通常更随意，他们参加宗教活动的概率较低，在考试中作弊或高中时偷喝啤酒的可能性较高。

注意，请不要将这些一概而论。虽然很多差别具有统计学意义，但差别并不大，而且这只是平均值而非公理。很多后出生的孩子和哥哥姐姐一样聪明甚至更聪明，很多长子长女和自己的弟弟妹

---

⑧ 大学校队的来信是美国给予在学校活动中取得优异成绩的人的奖项，是获奖者具备校队成员资格的象征，在一定标准之上才会颁发。——译者注

妹一样擅长运动，甚至有着更好的表现。有些长子长女同样会在考试中作弊，有些后出生的孩子同样会更加保守。

但平均说来还是有差别的。事实上，就个性而言，兄弟姐妹之间会比从人群中随机抽取的任何两个人更相似。

环境因素对于人的个性有着重大影响。有人估计，个性差异中有一半是由环境因素造成的，有些父母的教育方式会让孩子变得很外向，有些则会让孩子变得神经质。

数据表明，一起长大的双胞胎，其个性的相似度并不比分开长大的双胞胎高。被收养的孩子在同一个屋檐下长大，但他们之间的个性可能毫不相关。

一个家庭可能会有两个性格完全不同的孩子：一个孩子是乐观主义者，另一个是悲观主义者；一个是宴会上最活跃的人，另一个则安静而内向。

这种差别并不是随机的。

"手足相争"并不仅仅在于谁更擅长足球运动或者最后一勺冰激凌归谁，更关乎谁成为一种人和谁成为另一种人，以及谁更风趣、谁更聪明，谁更像妈妈和谁更像爸爸。

兄弟姐妹之间既有模仿又有差别。孩子们通常会以哥哥姐姐为偶像，选择追随他们所追求的道路。如果哥哥很喜欢艺术的话，可能妹妹也会跟着他上绘画课或者在艺术品商店中待更长时间。所有这些都会让弟弟妹妹成为和哥哥姐姐一样的人。

在弟弟妹妹模仿并追随哥哥姐姐脚步的同时，很快他们就会意识到，已经有人选择了这条路。如果自己的哥哥姐姐已经锁定了这条道路的话，成为同样喜欢艺术、同样风趣、同样聪明、同样擅长体育的人或选择任何相同的道路都会很艰难。弟弟妹妹要更加努力才能取代哥哥姐姐的位置，进而将其变成自己的领地。兄弟姐妹之间是社会比较的高发地，表现差的一方的感受永远不会太好。

因此，除非哥哥姐姐选择一个全新的领域，否则的话，弟弟妹妹最终会选择另一条道路。无论是给父母一个惊喜还是给自己一个交代，弟弟妹妹们都会创造一片属于自己的小天地。

那些年龄相仿的兄弟姐妹尤其如此。在三个孩子的家庭中，排行第三的孩子与老大的相似度会比与老二的更高。通常姐妹和兄弟之间的差别要比姐弟和兄妹之间的差别更大，因为姐弟和兄妹之间已经有了一个很大的性别差异，这让他们之间在其他方面的相似度会有所提高。

人们与自己兄弟姐妹的个性差异甚至会随着时间推移变得更加

明显。一个孩子会越来越外向，另一个则越来越内向。正如俗话所说的阴和阳一样，在其中一个运动的同时，另一个也会随之而动，永远密不可分，永不会被同化。

* * * * * *

因此，兄弟姐妹不仅仅是玩伴和知心朋友，也不仅仅是同盟和密友，其中一个人还会成为另一个人的成长环境，他们之间既是互相学习的榜样又是双方急于摆脱的原型。

"我觉得我从她身上学到了很多，"足球明星摩根·布莱恩这样说自己的姐姐，"她喜欢足球运动但并不想将其作为事业来追求，也许我恰好与她完全相反。"

与众不同的动机何在

假设你想买一幅画，而你并不是什么大艺术品买家，你恰巧经过一家画廊时，被其中一幅画所吸引。这是一幅令人惊叹的作品，有点抽象，但色调丰富、线条丰满、构图美妙，是一位画家限量发行的十五套作品之一。这幅画刚好符合你的品位，颜色跟你的客厅非常搭。

在最终敲定这笔买卖前几天，你碰巧去邻居家喝了杯咖啡。你们俩是很亲密的朋友，经常聚在一起聊天叙旧。对方说他打算去佛罗里达度假，你告诉他自己的老板通常会在重要的会上睡觉，你们还一起讨论最近哪部好莱坞大片最好看。

然后对方谈到了艺术。他说："我听说你正在考虑买一幅油画，在决定买任何作品前，你一定得看看我买了一幅怎样的画，堪称完美！我一直在寻找这样的作品，买到这幅画后我高兴得都睡不着觉了，我想你也肯定会喜欢！"

你们俩走到外面，他打开了车库，然后你看到了他手中闪闪发光的画，这幅画和你打算买的那幅一模一样。

两幅画出自同一画家之手，有着同样抽象的外形，同样漂亮的线条，只是布局稍有差异，但基本上是同一幅画。

你会怎样做呢？你还会购买此前一直想买的那幅画吗？还是会选择其他作品？

* * * * * *

科学家们并未做这个试验（买油画可需要一大笔钱），但他们在当地一家小啤酒厂进行了类似的研究。

两位消费心理学家以啤酒品鉴活动服务员的身份，让坐在一起的顾客们从四种家酿啤酒中选择一种进行品尝：酒体中等的红啤、金色贮藏啤酒、印度爱尔啤酒和巴伐利亚夏日风格的啤酒。顾客可以任选其一免费试喝四盎司。

免费的啤酒？绝大多数的顾客都欣然同意参与试喝。

喝完啤酒后，顾客们需要回答几个问题：你觉得啤酒怎么样？是不是后悔没选另一种啤酒？

还有一个细节，其中半数餐桌上的顾客都是走的正常的点餐程序，即服务员将菜单递给顾客，介绍了每一种啤酒的特色，然后问顾客点什么啤酒，接下来询问下一位顾客。

其余餐桌上的顾客则是秘密点酒的。服务员还是将菜单递给他们并且介绍了每一种啤酒，但顾客要在纸条上写下自己点什么啤酒，然后折好递给服务员，这样别人就不知道自己到底点了什么。

两种点餐的场景几乎完全相同，顾客都是从相同的一组啤酒中进行选择，他们获得的信息也完全相同，唯一的区别在于，他们是否知道此前做出选择的那些人点了什么酒。

当研究人员分析数据时，发现两组之间存在着巨大的差别。知道别人点了什么酒的那些人对自己所选啤酒的满意度更低，后悔自己选择的概率要比另一组高三倍。

原因何在? 因为很多人为了与人不同而改变了自己的选择。他们改变了自己正常情况下的选择,以避免和他人点相同的啤酒。

试想有三个人外出喝酒。保罗喜欢淡色爱尔,拉里点了贮藏啤酒,而彼得同样想喝淡色爱尔。如果分开点酒,彼此不知道对方点了什么啤酒的话,他们会径直选择自己喜欢的啤酒。保罗和彼得会点淡色爱尔,拉里则会点贮藏啤酒。

但如果他们坐在同一张餐桌上,一个接一个地说出自己的选择的话,后点啤酒的人可能会觉得自己处于一个不利的地位。保罗点了淡色爱尔,拉里点了贮藏啤酒,现在轮到彼得了,他想点淡色爱尔,但考虑到保罗已经选择了这种酒,如果再选爱尔酒,自己会感觉很不自在,就像自己可能不想跟邻居买一模一样的油画一样。

因此,彼得可能会选择其他啤酒,即使这会让他不开心。[9]

有时人们就是不想和他人做同样的事情,就是想与众不同。

* * * * * *

现在,职业棒球已经成了一种全职工作。除了要在7个月内打超

---

[9] 注意,一起点餐对于第一个点餐的人没有什么影响。由于他是第一个,可以点自己喜欢的菜肴,并且依然会感觉自己是与众不同的。

过160场比赛，休赛期还要为下赛季做各种各样的准备。在此期间，某些运动员要增肥增重，某些运动员则要严格控制饮食减肥。教练、厨师和运动专家要设计各种方案提升球队表现。

但一开始时并非如此，过去棒球比赛没有这么多，运动员必须在休赛期间放下球棒和手套，用其他方式养家糊口。名人堂成员之一的凯西·史丹格（Casey Stengel）做过出租车司机，投手沃尔特·约翰逊（Walter Johnson）要为一家电话公司挖电线杆坑，游击手菲尔·里兹图（Phil Rizzuto）曾经在一家布店工作，尤吉·贝拉（Yogi Berra）曾经在鲁杰里之家（Ruggeri's）做过接待员和领班，这是圣路易斯（St. Louis）最著名的意大利餐馆。即便在20世纪50年代贝拉率领洋基队（Yankees）赢得世界大赛（WorldSeries）[10]之后，休赛期间，贝拉仍会穿上燕尾服，在餐馆门口招待顾客。

随着薪水的增加，运动员在休赛期将更多的时间花在了棒球上，对其他方面的追求变少了，也没有必要冒险去做其他事情了。

鲁杰里之家也变了，美食和贝拉的名气让这家餐馆变得越来越

---

⑩ 世界大赛是美国职棒大联盟每年10月举行的总冠军赛，是美国以及加拿大职业棒球最高等级的赛事。——译者注

出名（尽管贝拉已经不在那里工作了）。

虽然名气为餐馆老板带来了巨大的经济利益，但另一些人并不为此感到高兴。比如贝拉就不再去这家餐馆了，当一些朋友问他为什么时，他回答说："人太多了，也不愿意去了。"

* * * * * *

传统经济学认为，一个人的选择不会受到他人的影响，购买油画或挑选啤酒的依据都是因为价格和品质。因此，除非艺术家将油画价格提高数千美元，抑或啤酒厂开始在酒中兑水，否则人们的偏好应当保持不变。

如果说会有什么变化的话，那也是人们可能会模仿他人。就像在黑暗的屋子中努力猜测光点到底移动了多少距离的那些人一样，其他人的选择为我们提供了信息。选择某种东西的人越多，这种东西应该越好，否则的话，为何这么多人都会选择它呢？如果受欢迎代表了事物品质的话，人们应该会选择那些备受欢迎的事物。当别人都在做这件事时，我们做同样事情的可能性应该更高。

但事情并非总是如此。和鲁杰里之家一样，当很多其他人都喜欢某些事物时，人们往往会选择避开。

在"逆反效应"（Snob Effects）所描述的情形中，一个人对商品或服务的需求与市场需求成反比。拥有或使用某种东西的人越多，人们购买或使用该事物的兴趣越低。

我们中绝大多数人都不想成为唯一一个做某件事情的人，但如果太多人都开始做这事的话，我们会选择转身离开去做别的事情。某些事物变得太过流行时，就会出现反对的声音。当每个人都开始讨论斑点衣服何等新颖和流行时，最早穿斑点衬衫的一些人可能会选择放弃，这意味着他们因为他人与自己有着相同的偏好而舍弃自己的爱好。

某些情况下，这背后有着非常现实的原因。比如，餐馆变得过于拥挤，在其中用餐也就失去了乐趣；你必须等待更长的时间才能排到位子，或是需要更早地预订；当你必须大喊才能让同伴听到自己在说什么时，也就谈不上享用美食了。

但事情远不止这些。

与音乐发烧友聊一个刚刚火起来的乐队的话，他们可能会给出一个老掉牙的回答："亚洲蜘蛛猴（Asian Spider Monkey）乐队？我喜欢他们过去的作品，他们大卖之前的那些早期专辑，那时他们的商业味还没这么浓，声音更纯真，也更有味道，没那么虚伪，也更加真实。"

当然，亚洲蜘蛛猴乐队早期的音乐可能确实更好一些，因为随着年龄增长，某些艺术家会丧失灵感。

但对于像披头士乐队（Beatles）、麦当娜（Madonna）和很多其他成功的乐队或歌手而言，成名前的歌曲比成名后更好听的概率究竟会有多高呢？你是否听人说过他们喜欢某个不知名乐队早期的作品呢？

可能名气确实是块让人丧失创造性的氪石，但还有另一种可信度更高的解释。无论音乐是否发生了变化，当某支乐队知名度提高后，喜欢这样一支乐队会让人觉得自己不再那么另类。如果你恰好是亚洲蜘蛛猴乐队咖啡屋首秀的12名旁观者之一的话，此时你属于一个很小的人群。别人没听过这支乐队的歌，因此，说自己喜欢亚洲蜘蛛猴乐队轻快而另类的歌声，这会给你贴上一张与众不同的标签，而说自己喜欢戴夫·马修斯乐队（Dave Matthews Band）或贝多芬（Beethoven）的话，则完全起不到这种效果。你口中的亚洲蜘蛛猴乐队，在别人听来可能是类似于《绿野仙踪》（*The Wizard of Oz*）之类的童话，抑或是代表着一种奇怪的灵长类入侵行动，但喜欢亚洲蜘蛛猴乐队会让你与众不同。可能这确实是一种入侵行动，但这是属于你的入侵行动，只属于你一个人，你也是与众不同的。

但如果亚洲蜘蛛猴乐队流行开来的话，一切就泡汤了。

当他们登上《滚石》（*Rolling Stone*）杂志封面，很多人都会开始听他们的歌，从独立音乐发烧友到跟风族，大家都知道亚洲蜘蛛猴乐队。现在，曾经属于你且只属于你自己的那支乐队变成了大家共同的乐队，曾经特立独行的标签变成了大家共同的，甚至烂大街的标签。

这时，真正的亚洲蜘蛛猴乐队粉丝会怎样做呢？一种选择就是完全放弃这支乐队，扔掉演唱会的T恤，并从自己的播放列表中删除他们的歌。

但这有点太过极端了，毕竟你还是很喜欢他们的音乐，并且你是他们的第一批粉丝！

因此，很多人不会放弃该乐队，而是在保持对其忠诚度的同时，找到一种新的让自己显得与众不同的方式，并且说自己更喜欢他们早期的作品。

说自己喜欢蜘蛛猴乐队早期的音乐，可以让人们依然待在他们的粉丝圈中，还会让自己有别于其他粉丝。他们会比所有后来的听众多一种社交货币[11]（Social Currency）。他们不仅像其他所有人一样喜欢这支乐队火起来之后的音乐，在其他所有人知道这支乐队之前，他们就认识了这支乐队并且喜欢上了他们的音乐。

某些情况下，反感甚至会在事物流行开来之前就出现。觉得某种事物正在开始流行的感觉足以让某些人对其产生厌烦，而且他们要在所有人之前第一个对其产生反感。[12]

为何要与众不同？

绝大多数美国人在感恩节里享用面前的火鸡和其他美食的时候，都不会去想这个节日到底是怎么来的。如果有人让我们思考这个问题的话，我们会回想起在幼儿园所学的知识：清教徒和印第安

---

[11] 社交货币是指，社会中两个及两个以上的多个个体，在获取认同感与联系感之前对于知识储备的消耗。换句话说，就是谈资。——译者注

[12] 有人会通过讨厌他人喜欢的事物让自己显得与众不同。可能所有其他人都喜欢福桃(Momofuko)牛奶做的怪味饼干，但我呢？我对此毫无感觉。大多数人都喜欢杰夫•昆斯（Jeff Koons），但我觉得他的作品就是安迪•沃霍尔（Andy Warhol）的翻版外加一点马塞尔•杜尚（Marcel Duchamp）的风格。通过否定别人都喜欢的事物，可以让自己显得与众不同，而不是被淹没在人海之中。

人，或者是普里茅斯岩⑬和五月花号。但除了小红莓酱和整洁的白帽子之外，这些早期的定居者实际上还对美国如今的价值观产生了无比强烈的影响。

1620年9月，大约有100个人从英格兰起航前往新大陆（New World）寻求宗教自由。其中很多人属于英国分裂主义者教会，这是一部分激进的清教徒派系，他们对改革的力度不满，看不惯英国国教中的天主教仪式。在荷兰生活了一段时间之后，这些新教徒一直在寻找一块新的定居地，一块经济前景更好的地方，并且无须放弃英语这门语言。

当时，神职人员几乎成了个人与上帝之间的传导者。牧师是唯一能够与圣灵直接沟通的人，他们接受忏悔和提供赦免，解释和补充《圣经》经文，扮演着沟通媒介的角色，忙碌于各种仪式和典礼。

这些最早的美国人以及随后而来的美国人有着与众不同的观点，他们想将控制自身命运（无论是今生还是来世）的权利赋予普通人。

他们号召人们自行研读和解释《圣经》，而不仅仅遵从牧师的

---

⑬ 普利茅斯岩又称为移民石，上面刻着"1620"的字样，据说是新移民涉过浅滩，踏上美洲大陆的第一块"石头"，位于普利茅斯的港边。——译者注

话。他们认为，每个人都能够通过自己的信仰与上帝直接沟通，每个人都是自己的牧师；人们不应盲目地跟随权威，而应该独立思考，亲身去感受，要独立自主。

* * * * * *

事实证明，这种独立自主或者个人主义的理念具有深远的影响。它不仅塑造了这些定居者们的宗教信仰，也影响了他们与同伴之间沟通交流的方式。它不仅影响了马萨诸塞湾殖民地的建立（建立者是那些在普利茅斯港登船的清教徒，庆祝感恩节就是为了纪念他们），同时也奠定了宽广的美国文化根基：

人们可以独立、自由地追求自己的目标，自由地选择和走自己的道路。

多年以后，当法国历史学家亚历西斯·德·托克维尔（Alexis de Tocqueville）研究新大陆蓬勃发展的民主秩序时发现，个人主义是最关键的因素之一，它并不是带有负面意义的自私自利或者利己主义，而是"一种只顾自己而又心安理得的情感，它使每个公民同其同胞大众隔离"。《独立宣言》以及《宪法》和《权利法案》中有关保护公民自由的规定都体现了这一点，人们有权拒绝不当影响，有权自行做出选择。

　　如今，个体独立性成了这个国家绝大多数政治对话的基础。政府应当做多少工作以捍卫人们表达个人意见的权利？对某个人自由的保护程度达到多高会影响到另一个人的自由？

　　考虑到历史赋予独立自主和自治理念的崇高地位，美国人对与众不同的重视也就不足为奇了。他们重视与其他同伴不同的自由，无论这种区别是来自对"上帝"这个词的理解，还是对啤酒的选择。[14]

　　在美国，人们认为选择反映的不是外部因素，而是一个人内心深处的偏好，是其个人的想法和愿望。但随之而来的还有更多的责任，如果个人选择反映了人品的话，用具有重大文化意义的方式进行选择就显得更加重要了。衣服已经不仅仅是衣服，而是我们身份的象征。除了选择某种与众不同的东西之外，如何才能更好地表达独立自主精神呢？

　　设想一下，你出现在一次聚会上，发现身上的裙子和另一位客人一模一样；或者某天上班，发现自己的领带和老板的完全一样。

---

[14] 在美国，从众通常被视为是负面的。人们认为这是要放弃个人控制权或者让自己任由他人摆布。乔治・奥威尔（George Orwell）的小说《1984》以及艾茵・兰德（Ayn Rand）的小说《源泉》（*The Fountainhead*）等作品，都警示了被同化的危险性，而为独立思考大唱赞歌。电影中也展示了反乌托邦的未来，人们只是可以相互替换的齿轮，直到有与众不同的英雄人物涌现出来挽救大局。

大多数人都会很有风度地一笑了之，但也可能感觉很尴尬或者觉得这种情形令人稍感不安。因为，无论是对一个人还是一百万个人，与别人的相似度太高都会引发一种消极的情绪反应，会让人感觉紧张或者不安。

我们因此会选择能够带给我们与众不同感觉的事物，比如别人从未听说过的乐队，或者位于尚未被贵族化的那些区域中的公寓，限量版的T恤，或者去不起眼的波利尼西亚岛（Polynesian islands）度假，虽然只能坐独木舟才能到达这座岛。

对与众不同的追求甚至能够解释人们为何会购买小众高科技产品。谷歌眼镜（Google Glass）起初被视为可穿戴智能设备的未来，这是一种戴在头上的光学显示器，将一块小小的屏幕放在人们眼前，它被称为2012年度最佳发明之一。谷歌承诺说，这种眼镜可以做记录、抓拍照片或者指路，所有这些都不需要动手操作，可以将人类解放出来做自己最擅长的事情。

但这种承诺却遇到了阻碍。有人担心隐私的问题，还有人对未经他人许可拍摄录像提出道德质疑。经过研究，人们认为该装置会分散人的注意力，因此严禁开车时佩戴这种眼镜。有些早期用户太过招摇，以至于戴这种眼镜四处炫耀的人被称为"眼镜浑蛋"。很快，佩戴谷歌眼镜就被视为自寻烦恼（而不是在解决问题）。

虽然谷歌眼镜有这么多缺点，人们还是争相购买。人们渴望有机会试戴（公众从未有试戴机会），或者出价近10万美元竞购一副眼镜。

因为购买这种眼镜的意义不仅仅在于它是否有用，对于高科技发明者而言，最新的发明不仅仅是一种提高生产效率的工具，还是彰显个性的工具。这是凸显自己比他人意识超前的一种方式："其他人看上去完全一样，所做的事情也一样，说出的话也是一样的，但我却与众不同！我是一个坚定的个人主义者，我是独一无二的。"

你是谁？

与众不同通常会带来好的结果：魅力比别人大，会让你有更多的约会机会；个子比别人高，会让你在篮球队选拔中更早地被人挑中。

但与众不同并不只是比别人更好。以一种积极的方式脱颖而出的感觉很好，频繁外出约会或者更早被选中会让人感觉自己很特别，但事情远不止这些。

假设你刚刚获得了一份新工作，第一天参加入职培训，你和其他新入职的员工开始相互了解。大家围坐在一起做自我介绍，每个人都要简单说说自己是个什么样的人。

"我36岁，两个孩子的母亲。"

"我是巴尔的摩本地人，喜欢黄鹂。"

"我父母一个是医生，一个是艺术史学家。"

你将如何介绍自己？更为根本的一个问题是，你是谁？

这个问题具有深刻的哲学含义，同时也极为现实，这也是我们一直要明确或含蓄回答的一个问题。

从上学第一天到参加工作，我们要不停地做自我介绍，告诉别人自己的名字，提供一些如何看待自己身份的信息。

在如今的互联网时代，自我介绍通常都采取虚拟方式，比如某网站上的个人简介或社交媒体资料页中"关于我"部分中的详情介绍。这是一种互联网世界中的自我描述，目的是快速给人留下一个印象，即使未曾与对方谋面。

推特（Twitter）为人们介绍自己提供了一定的空间，但用户通常会以某种特定的方式利用这些有限的空间。例如，"喜欢"是人们最常用的一个词。

这并不是说人们是无可救药的浪漫主义者。人们用它来表达自己的偏好，喜欢做什么，不喜欢做什么，比如："我喜欢狗"，"我喜欢看足球比赛"，"我喜欢孩子"。

某些经常使用的分类包括"职业"和"职务"，比如："我是社交媒体经理"，"我是居家男人"，"我是教授"。

这些并不仅仅是客套话。在更深的层次上，这是展示自我认知的一个窗口，能够说明在全球数十亿人中我们如何定义自己。

虽然没人喜欢被分门别类，但万事万物都在与其他事物的相互关系中获得了存在的意义，人类也是如此。如果你之前从未见过苹果，有人告诉你"这是苹果"是毫无意义的。只有当别人用你所知道的其他事物进行对比描述时，比如"它是一种红色或绿色的水果"，你才会明白苹果到底是什么东西。也就是说，通过唤起苹果所属的种类（一种水果），这样才能表达出其含义。

水果通常都可以食用，所以苹果也应该可以吃；水果通常都是甜的，所以苹果应该也是甜的；苹果是一种水果，这就意味着苹果应该是树上长的，且富含维生素。

但苹果的含义并不仅仅来自它到底是什么，还来自它不是什么。苹果是一种水果，这就意味着它与别的不是水果的东西是有区别的。比如，苹果应该没有腿，不适合当家具。因此，在没有对比的情况下，含义会变得很模糊。

该原则同样适用于自我介绍。某人说自己是教授，会让人对自己产生某种联想，因为所有说自己是教授的人有不少共通之处：爱看书、喜欢思考，并且待在室内的时间有点长。

这也意味着他和那些说自己不是教授的人有所区别。他可能比那些说自己是篮球运动员的人个子要矮，与说自己是艺术家的那些人相比创造力要差一些。

如果每个人都是教授的话，"教授"这个词也就变成了一种毫无意义的分类。而说"自己是人类"也不会提供太多的信息，无法将某个人从数十亿人中区分出来。

因此，区别是有价值的，有利于给出事物的准确定义。如果每个人都一模一样，就很难产生自我。区别有助于建立身份概念，能够界定某人是什么样的人、不是什么样的人。

自我概念的产生通常会在一个人青春期时表现出来。在十二三岁之前，孩子基本上就是父母的缩影，他们穿父母给买的衣服，吃父母做的食物，跟父母住在一起。然而孩子并不是父母的克隆产品

（他们当然会顶嘴或者讨厌父母让他们吃的某种食物），但划分自己界线的行为并不多见。

但是，成年的一大任务就是要界定独一无二的自我，一个有别于自己父母的自我，因此，青春期的孩子会叛逆。他们会变成素食主义者，与坏孩子约会，很厌烦父母去学校接他们。

青春期的孩子并不仅仅会激怒父母（虽然看上去确实如此），他们还在努力界定一个独一无二的、有别于他人的自我。他们正在划一条界线，以此界定他们的自我，并摆脱父母身份的延续。

差异错觉

最近我和一个律师朋友聊天，他问我在忙什么。听说我正在写一本有关社会影响的书时，他不禁为社会影响对自己同事的作用大发感慨。

"所有人都想成为同样的人，"他说，"年轻的律师在获得成功之后，大多数人做的第一件事就是买一辆宝马车。"

当我指出他同样开的是宝马车时，他对我的话提出了质疑。他反驳说，"但别人开的宝马车都是银色的，我的车是蓝色的。"

*　*　*　*　*　*

每种选择或每项决定都有其不同的属性或不同的方面。我们可以通过品牌、车型、颜色或其他多种特征来描述汽车；谈及度假时，我们可以说去了哪个城市或者哪个国家，待在哪个宾馆以及度假时都做了什么。

因为人们希望自己有别于他人，所以才会购买更少见的汽车［购买大众巴士（Volkswagen bus）而不是丰田凯美瑞（Toyota Camry）］，或者选择更偏僻的度假地点［去安圭拉岛（Anguilla）而不是奥兰多（Orlando）］。但这种希望自己与众不同的美好想法同样会让人们更关注自我感觉有别于他人的那些方面，即使自己的选择实际上与他人并无二致。

聚会上撞衫的女人可能会关注其他事实，比如两人的鞋子并不相同或者两人的手包不同。宝马车车主可能会认为自己的车颜色很罕见或者说自己买了什么样的选装包。我们关注和记住的，是那些支撑我们与众不同的方面。

再看看下面的两款包，都出自法国奢侈品牌珑骧（Longchamp），主要材质是尼龙，袋口是皮革的。根据厂家说明，两款包都非常适合日常携带。实际上，这两款包唯一的区别就是颜色不同。

当被问及两款包的相似度到底有多少时（在1~100的区间内进行选择的话），绝大多数人都认为二者极为相似，相似度在90左右。

被问及原因时，他们列出了上面给出的多个原因：两款包大小一样、是同一个牌子……人们认为这两款包如此之相似，以至于有些人觉得这个问题很搞笑。

但当其中一款包的拥有者面对这个问题时，会有非常不同的回答。

"两款包完全不像，"珑骧包的主人这样说，"颜色差别多大啊！"

让一个人列出自己最珍爱的宝贝、最喜欢的项链、最喜欢的衬衫或者最喜欢的厨具，然后问他们认为还有多少人会有同样的物品。人们不可避免地会低估这个人数，有时低估程度会达到数量级的差别，因为某种东西对我们越重要，我们越觉得它特别。

我们还可以去日托中心看看数十个正在用通心粉作画的孩子，或者去狗狗公园看看转圈追逐的狗狗。对于旁观者而言，这些孩子和这些狗看上去几乎一模一样，虽然会有局部的差别，但总体感觉还是很相似的。

但是，如果你问其中一对父母哪个是他们的孩子，或者问其中一位狗主人哪只是他的狗，就会听到一个完全不同的观点：他们的孩子与别的孩子完全不同；他的狗是有史以来地球上出现过的最具独一无二特点的动物，是最独特的。

从某种程度上讲，这就是"与众不同"的关键所在。有些差别是真实存在的，比如我们会购买不同品牌的产品，支持不同的看法，或者选择的度假地点会有别于朋友和邻居，以及我们会购买再生柚木和铁路枕木做成的仿古咖啡桌。

但我们也会单纯通过想象来满足有别于他人的渴望。我们会关注自己与其他人相似或者不同的那些地方。比如，虽然我们和其他成千上万的人一样都是从同一家店里购买衬衫，但是我们买的是那种特殊的灰色，是与众不同的。

* * * * * *

下次去超市或者等地铁时，请环顾一下四周，你会发现绝大多数人看上去都很相似。我们都有两只眼睛、两个耳朵、一个鼻子、一张嘴巴；我们身穿相似的衣服，吃着相似的事物，住在看上去很像的房子中。但在如此之多的相似之中，我们觉得自己是独一无二的、有别于他人的，自己是特殊的一个。

这种现象的部分原因就在于差异错觉。我们会关注自己与其他人不同的地方，即使本质上我们基本上是一样的。

但不同人对"与众不同"这个需求的感知度一样吗？

我们成立个汽车俱乐部吧

回想一下本章开头的一个场景，不是你会不会和别人购买同一幅油画的场景，也不是你会不会和别人点同样啤酒的那一幕，而是如果某人完全照搬了你正在做的某件事情的话，你会做何反应。也就是说，如果被人模仿了，你会有何反应？

假设你刚刚买了一辆新车，并向几个朋友展示了你的新车，之后却发现，其中一个朋友径直买了一辆同样的车——同样的品牌，同样的型号，你会有何感想呢？

当美国西北大学（Northwestern University）的教授妮可·斯蒂芬斯（Nicole Stephens）将这个问题抛给MBA学生时，学生的反应在她意料之中。

他们回答说，自己会很生气或者心烦意乱。朋友的这种行为在他们看来是一种背叛，因为自己的车不再独一无二了，这让他们很愤怒。在这些MBA学生看来，别人和自己做同样的事情，会让他们与众不同的感觉丧失殆尽，会让他们觉得自己的车变得很普通。

这种负面反应适用于我们所讨论的所有让自己与众不同的事物。人们喜欢和他人有所区别，如果这种感觉受到威胁的话，就会出现消极的情绪反应。自己的行为被复制时，人们会感到心烦，这与人们希望有别于他人的心理是相符的。

妮可教授也将这个问题抛给了另一群人，这群人与那些MBA学生有诸多相似之处。他们年龄基本相同，并且和MBA学生一样，大多数都是男性。

其中只有一个区别，即这群人更多的是蓝领，不像MBA学生那么富裕。他们是工薪阶层，职业是消防员，上不起学费昂贵的知名商学院。

妮可问这些消防员，如果朋友和自己买了同样的车，他们会作何感想。回答很令人惊讶，几乎没有人觉得很生气或者很心烦。实际上，当她整理调查数据时，发现这些人的回答非常正面。他们说自己不会被激怒，反而会为朋友买新车感到高兴，而且根本不会对他们造成任何困扰。

正如其中一位消防员所说："太好了，我们成立个汽车俱乐部吧！"

为何消防员的反应会如此不同呢？为何他们觉得彼此相似是件令人高兴的事情，而MBA学生却不这样认为？人们都想与众不同，我们又能从中得出什么启示呢？

* * * * * *

直到妮可上大学之后，她才意识到，自己成长的世界与他人是完全不同的。和父母以及祖辈一样，妮可出生在佛罗里达州西棕榈滩（West Palm Beach），家里并不富裕，但也算不上贫穷。为了避免去越南服兵役，她爸爸上了大学，之后成了消防员，并开始兼职做高压水洗车业务。高压水洗车业务越做越大，很快他就雇用了几个工人，最后他们承接了整个地区所有邮政车的清洗业务。停车场停了数百辆邮政车，儿时的妮可和自己的弟弟也会搭把手赚点零花钱。

父母让妮可努力学习，并跟她说："只要遵规守纪，好好学习，机遇就会找上你。"

她也是这么做的，妮可是个好学生，甚至可以说是个完美的学生。她在学校的表现很好，赢过拼字比赛，毕业成绩在班里名列前茅。

高中毕业选择大学时，妮可知道自己心中想上怎样的大学。此前她从未离开过佛罗里达，她一直梦想着能够上一所电影中演的那种大学：一所梦幻般的文理学院⑮，规模不大，比如位于新英格兰地区的某个地方。在那里，身穿毛衣的学生在落叶翩翩的校园中尽情欢笑。

妮可不太了解这类学院，她只知道自己想去这种学校。佛罗里达不错，甚至可以说很好，但她不想和其他人一样读本地的大学，她想去个特别点的学校。

当收到威廉姆斯学院（Williams College）发来的录取通知邮件

⑮ 文理学院又称博雅学院，是美国高校的重要种类之一。其奉行博雅教育，以本科教育为主，规模精小。特征是注重全面综合教育，强调发掘学生的思维潜能，实现真正意义上的全面发展。在大部分美国人心目中，文理学院往往代表着经典、小规模、高质量的本科教育。许多文理学院的学术声誉往往不亚于哈佛、耶鲁等综合性大学，因而成为很多美国上流社会及贵族子女的首选。——译者注

时，妮可欣喜异常。这座学院位于马萨诸塞州威廉斯敦，正是她一直
以来所期望的。

但父母却不这样认为。他们说："佛州同样有好学校，而且你还
能拿全额奖学金。为什么要去一座学费如此高的学校呢？去这所学
校真的能让你找到更好的工作吗？"父母考虑到这所学校昂贵的学
费，提出这些问题也在情理之中。

妮可很坚持自己的想法，她给该学院的校友会打了电话，她要
收集数据、统计资料，以便让父母相信这笔费用是值得的。

校友会很热情，给她发了很多信息。最终，妮可的父母被说服
了，同意妮可去威廉姆斯学院上大学。

大学第一年，妮可觉得威廉姆斯学院方方面面都好极了。一
直以来它就是美国最好的文理学院之一，课程体系非常棒，教
授也很德高望重。妮可一直很热衷篮球运动，她入选了校篮球
队，生活多姿多彩。

但与此同时，她貌似也失去了一些东西，一些说不清、道不明
的东西。她觉得自己学到了很多知识，但总好像跟其他学生有些格
格不入。

从小到大，妮可一直有种优越感，她曾是维埃拉海滩（Riviera

Beach）篮球队的一员。当地1/3的家庭都生活在贫困线以下。妮可是篮球队中唯一的白人女孩，很多队友的家里都一贫如洗，成长环境也不够安全。妮可从来就什么都不缺，家庭关系稳定，能给她提供良好的支撑，她觉得自己拥有的实在太多了，而自己的队友拥有的太少了，这让她感觉有点不自在。

但在威廉姆斯学院，妮可意识到，其他学生所拥有的机遇是自己此前从未听说过的。比如他们在汉普顿海滩（Hamptons）附近有房子，可以念学费昂贵的预科学校，导师也非常棒；他们的父母有着上等的职业：政治家、医生和律师；很多人有着几代人积累下来的各种家庭关系。对于妮可而言，这完全是另一个阶层的特权。

妮可花了几年时间才将这一切拼凑起来，弄懂了自己这段经历的意义，这让她看到了文化背景在人们日常生活中的重要作用。她将这些发现带到了研究生课堂上，开始越来越深刻地理解性别、种族以及社会阶层对人们的经历和表现会有怎样的影响。

* * * * * *

"鹤立鸡群是好事"的理念在美国文化中无处不在。父母从小就让孩子拥有自己的房间，是为了培养他们的自主性；汉堡王（Burger King）呼吁人们要"我选我味"；雪茄生产商鼓励顾客"拒绝平凡"。与众不同貌似乎是大家所看重的。

但是不是每个人都这样认为的呢？

妮可对此不确定，她想知道社会等级有没有在其中产生作用；一个人在中层社会还是工薪阶层长大，对于其偏好与众不同还是选择隐藏在众人之中是否有决定作用呢？

为了找到答案，妮可开始关注大家开的汽车。她去了附近两个购物中心。其中一个购物中心即使算不上高档消费，至少它的顾客也属于中产阶层，所销售的都是路易·威登（Louis Vuitton）和内曼·马库斯⑯（Neiman Marcus）等高端商品。如果顾客觉得找停车位太麻烦的话，可以使用商场代客停车服务。这里的顾客喜欢喝杯鲜榨果汁，其背后的理念是，"现代人需要一杯鲜榨果汁来缓解和平衡繁忙的工作和生活"。

另一个购物中心则明显属于工薪阶层，没有代客停车服务，没有高端品牌，也没有所谓的"在狂躁的世界中，人们需要一杯价值9美元的芹菜汁来保持镇定"的理念。然而这里有对绝大多数蓝领而言买东西很实惠的沃尔玛超市。

---

⑯ 内曼·马库斯是美国以经营奢侈品为主的高端百货品牌，已有100多年的发展历史。——译者注

　　妮可仔细观察了各个停车位上的汽车品牌和型号。高端购物中心的停车场有日产轩逸（Nissan Sentra）、宝马328i、沃尔沃（Volvo）S60等。而在有沃尔玛的购物中心停车场中，只有类似丰田凯美瑞（Toyota Camry）、讴歌（Acura）TL、凯美瑞等品牌的汽车。

　　随后她统计了两个停车场中分别有多少种与众不同的车。

　　在人人都想独一无二的场所中，这种差别应该更大。少数一些人可能会开同样品牌同样型号的车，但品牌和型号分布应该很分散。

　　在大家更喜欢趋同的场所中，彼此间应该有更多的交集，有更多人在一小撮车型中扎堆。

　　统计结果出来后，妮可发现这与自己在那些消防员身上得到的结果有些类似。与高端购物中心相比，低端购物中心停车场中的汽车品牌和型号更少，这里有更多的人开同样的车，很少有与众不同的车。[17]工薪阶层的人更喜欢与他人保持一致。

＊　＊　＊　＊　＊　＊

----

[17] 有人可能会想，这种现象的出现更多在于人们的支付能力，与人们希望自己有别于他人的偏好关系不大。富人的支付能力决定了他们有更大的选车范围。低端购物中心停车场中的车辆品牌和型号较少，原因在于高端车超出了工薪阶层的支付能力。这当然是其中一部分原因，但却不是全部。与以工薪阶层为目标用户的汽车品牌相比，以社会中层为目标用户的品牌车辆可选的颜色更多。例如，普通宝马车的颜色种类是普通本田车的两倍。所以，即使是在颜色"有别于他人"等方面也出现了明显的差别。

　　看来希望自己与众不同的动机也是有差别的。人们到底是愿意有别于他人，还是更愿意不显山不露水呢？事实是，中产阶层背景出身的人会这样避开大家都喜欢的事物，如果别人选择了和自己同样的东西的话，会降低他们对这种东西的喜爱程度。但是，来自工薪阶层背景的人对于和他人打成一片没有那么强的反感，他们更愿意选择大家公认的商品，别人和自己做出同样的选择只会让他们更喜欢自己所选的商品。工薪阶层的人们更愿意避免和他人有差别。[⑱]

　　但这并不仅仅与社会经济地位有关。即便是在工薪阶层或者中产阶层内部，不同的人对于"与众不同"的需求或偏好也是不同的。[⑲]有人喜欢大家都喜欢的商品和品牌，另一些人则会选择回避；有些人努力塑造别人无法复制的个人形象，另一些人则更喜欢中庸之道。

──────────────

[⑱] 社会阶层还有一些很有意思的作用。拿职业来说，社会中层或上层背景的人见到某个人时，第一个问题往往是"你从事什么职业？"在他们看来，职业决定了一个人。人们之所以会选择这样的工作，是因为他们对此感兴趣、有热情，他们觉得这种选择能够代表这个人，是他们凸显个性的一种信号。但对工薪阶层而言，人们往往不会一见面就问"你是干什么的"，不然可能会让对方感觉不快。因为对很多工薪阶层而言，工作只是一种谋生的手段，是用来挣钱付账单的，他们之所以选这份工作，只是要养家糊口，与自己是什么样的人无关。

[⑲] 对工薪阶层而言，工作之外还有很多，生命中有许多方面都比工作更重要。为挣钱而不得不做的工作是他们个性的决定性特征，这种说法本身对他们就是一种讽刺。

文化差异也会对此产生影响。美国人说,"吱吱叫的轮子有油加",即鹤立鸡群或者有个性的人得到的关注度更高。但在日本有一句很有名的谚语,"冒尖的钉子先被敲",日本人更注重融入集体,鹤立鸡群不是什么好事。

因此,很多美国人认为与众不同象征着自由和独立自主,而在东亚文化中,人们更看重和谐以及彼此间的联系,太过出格会被视为离经叛道,无法融入集体。

考虑到这些不同的文化习惯,研究发现,和美国人相比,中国人和韩国人会选择更相似的东西。如果将普通东西和有特色的东西放在东亚人面前的话,他们会选择那件更普通的。

* * * * * *

这么说来,有别于他人不存在对错,无所谓好坏,只是不同环境下衍生出来的不同偏好而已。

有的环境鼓励大家与众不同。例如,美国社会中高阶层的孩子从小就接受这样的教育,他们是含苞待放的"特殊花朵",是终有一天会震惊世界的未来之星。这些孩子不仅得到了更多的机会,同时也有更多的自主权、选择权和控制权,他们可以根据个人喜好做出适合自己的选择,而选择的依据是他们觉得自己是什么样的人。

出生在这种环境中的孩子，自然会把有别于他人视作正确的处事方式，而且会在自己的选择中有所体现。

但并不是所有的环境都鼓励大家如此有别于他人。

工薪阶层的人们更鼓励孩子要相互依存而不是特立独行，要做团队成员而不是想着当"明星"。工薪阶层的孩子与家人在一起的时间更长，亲手照顾家人的机会更多。人们经常教育孩子"不能只考虑你自己"，而要有集体意识。

在工薪阶层家庭中长大的孩子通常会更关注周围的人，让自身做出更多调整；为自己争取利益固然重要，但考虑他人的需求同样也很重要；不要太在乎自己，更要关注集体。

因此，来自工薪阶层的人喜欢减少与他人的差别。既然其他人是你的家人、朋友和你在乎的人，为何要有别于他们呢？与他人分享经验不是比一切都埋在自己心里更好吗？

这种不同的喜好同样出现在人类生活的不同世界中。面向工薪阶层消费者的广告不会直接鼓吹大家从众，但却会强调关注他人以及大家彼此相连的重要性。试想一下《体育画报》（*Sports Illustrated*）上出现的丰田或日产SUV的广告语。研究发现，这些广告语提及朋友和家庭的可能性更高（"让和家人在一起的时间更多一些"），同时会突出彼此紧密相连或彼此结合的观念，视觉图像中出现他人的可能性会提高10倍。

但是，以中产阶层消费者为目标群体的广告往往更强调个性。试想一下《Vogue服饰与美容》杂志上的广告。这些广告往往更强调与众不同，更愿意描述产品的不同之处（"多么与众不同"），或者强调其独一无二性（"世界唯一"）。以中、上等社会阶层消费者为目标的广告给人的暗示是，购买这种产品会让你脱颖而出。

这种区别同样存在于零售业。例如，高端购物中心或者第五大道（Fifth Avenue）之类的地方会有很多独一无二的个人精品店，里面的商品都是很独特的，或者卖的是纯手工制品。这些商店面向的是那些想要彰显独一无二个性的客户。

这里商品的展示方式也在彰显不同。比如每个货架上只放一件商品，且一种规格只放一件。让人感觉看到的好像是这世界上最具独一无二个性的商品。

工薪阶层的购物区则不会有如此多的花样。多数商店和购物场所看上去大同小异，几乎没有什么新意。里面的商品也一样。先是很多不同尺码一模一样的绿色背心，然后是很多差不多的蓝色背心，紧接着又是一堆类似的黄色背心以及一排排一模一样的盘子和杯子，人们想买哪个就拿哪个，卖的都是同样的无差别的东西。

这种差别的部分原因在于经济实力，但绝不仅仅是这个原因。人们可能会说，工薪阶层也想买那种特殊的橄榄绿的印花背心，或是高端石墨烯奥迪车，只是他们买不起而已。但原因绝非仅仅如此。

这种解释过于简单化，如果说追求有别于他人从某种意义上属于一种"权利"，那么能否做到要取决于有无这种资源。

有了资源当然就可以进行选择。当你有钱或者生活在一个充满机会的世界中时，你可以让自己追求有别于他人，并通过自身选择来表达自己的诉求。如果你没有资源，或者你生活的环境不足以支撑你的每个选择，以这种方式表达自己诉求时就会束手束脚。

在工薪阶层人们的成长环境中，公认的行事准则是提高与周围人的相似度，而且大家也喜欢这样做。

没有所谓的黄金法则，我们成长的环境塑造了我们的行为方式，且决定了我们如何解读自身的行为。有人认为自己是片独一无二的雪花，有人则更愿意创建汽车俱乐部。

让社会影响发挥作用

让自己有别于他人并不是青春期的男孩女孩或者叛逆的人才有的某种怪癖。每个人都会在某种程度上有这种期望，只是有多有少而已。毕竟，如果每个人的期望程度都一样的话，也就不是真正意义上的差别了。

了解有别于他人的需求如何影响我们的行为，可以提高我们对自身决定的满意度。和大家一起点餐时，当别人点了同样的食物时，如果我们能够坚持自己的喜好，或许我们的心情会更好。在接下来的时光中我们可以享用自己所选的美食，不至于为自己不太喜欢的食物而苦苦挣扎。

如果我们真的有这种担心的话，可以尝试第一个点餐，就不用担心自己的选择受他人影响了。

我们也可以对人们的选择以及做出选择的环境进行设计，让人们觉得自己有别于他人。苹果公司生产的播放器iPod有一系列的颜色，有人可能喜欢蓝色或红色而不喜欢灰色，但如果你迷上了橙色和黄色等颜色的话，就超出了满足个人偏好的范畴。（很少有人会将黄色作为自己最喜欢的颜色。）但通过提供如此之多的选择，苹果公司能够给消费者这样一种感觉，即自己购买的产品是与众不同的，虽然该产品非常受欢迎，并且基本上人手一人。朋友的是绿色的，同事的是紫色的，妈妈的是蓝色的，而你的则是红色的，这仍会让你感觉自己有别于他人。你会认为这是你自己的iPod，只属于你自己。

有别于他人还有助于解释星巴克（Starbucks）等企业成功的秘密。星巴克的咖啡价格是麦当劳或其他便利店的三倍到四倍，人们又为何乐意去星巴克呢？

星巴克卖的不只是咖啡，而是一种个性化的体验。我们可以完全按照自己的口味来定制咖啡。我们认为星巴克给我们提供的咖啡跟排在自己前面的男孩或女孩拿到的是不一样的。这是根据我们特殊的口味调制的，杯子侧面还写着我们自己的名字。这杯价值4美元的咖啡在提醒我们，我们是特殊的、独一无二的，有别于其他所有人的。高价格是我们为这种有别于他人的感觉所付出的一点小小的代价。

这么看来，社会影响的存在既会让我们相同也会让我们不同，既让我们模仿别人，也让我们有别于他人。我们何时会选择前者，何时又会选择后者呢？

　　这在很大程度上取决于"别人"是谁。

Not If They're Doing It

03

拒绝随波逐流

　　为何公司会给名人免费送礼物，还是拿竞争对手的产品送礼物……选择如何透露我们的性格……保守党人何时会喜欢高福利政策，自由党人何时会喜欢降低社会福利……为何青蛙会撒谎……"模仿白人"与少数群体的学习成绩……价值30万美元但并不显示时间的手表……为何奢侈品不使用商标……为何路易威登应当鼓励仿冒行为……有关流行周期的解释……宣传海报与激励健康行为……

"不喝咖啡就不可能不墨守成规。"——《南方公园》[20]

* * * * * *

2010年年初的一天早上，妮可·波利兹（Nicole Polizzi）打开自己的信箱，发现了一个大大的惊喜。在成摞的账单、产品宣传册和垃圾信件之中，她发现了一个大盒子，盒子里是一个全新的古驰（Gucci）手袋。

这是一个黑色和米色相间的手袋，上面是著名的成对字母G（古驰的商标），配有淡金色的金属件。这个手袋价值900美元，是当下最流行的手袋之一。得到这款手袋能让任何时尚达人幸福地晕过去。

更让妮可高兴的是，她并没有订购这款包，是别人免费送给她的。

这也是故事最有意思的地方，这个包不是朋友订购送给她的，甚至也不是古驰送给她的，而是古驰的一家竞争对手送的。

* * * * * *

你可能不知道妮可的大名，但你可能听说过她的绰号"史努

---

[20] 《南方公园》是美国喜剧中心（Comedy Central）制作的一部剪纸摆拍动画剧集，由 Matt Stone 和 Trey Parker 创作。经常通过歪曲式的模仿来讽刺和嘲弄美国文化和社会时事的各个方面，挑战了许多根深蒂固的观念和禁忌并因其中的粗口、黑色幽默和超现实幽默而著名。——译者注

基"（Snooki）。史努基因其疯狂的言论、蹩脚的着装和袖珍身材而出名，人们在美国音乐电视网（MTV）推出的《泽西海岸》（*Jersey Shore*）真人秀节目中认识了她。

真人秀中展示了最差劲的意大利裔美国年轻男女（guido和guidette）的典型形象。[21]剧中的明星是一群二十多岁的年轻人，他们没有工作，经常喝得醉醺醺的，在酒吧打架。剧中的男子肌肉发达，刻意将皮肤晒成古铜色，抹着发胶，听到自己喜欢的音乐时（或者遇到任何其他好的理由时）喜欢挥动拳头。剧中的女孩去健身房时都化着浓妆，一刻不停地相互斗嘴，并认为豹纹紧身衣会给人增添典雅气质。

在一群最糟糕的男男女女中，史努基是其中的佼佼者。她声称，海水之所以是咸的，是因为里面都是鲸鱼的精液。她和一位高中体育老师动过手，对所有事情都会提出令人震惊的观点，包括同性性关系（"男人都是讨厌鬼，我讨厌所有男人。他们不知道该如何对待女人，我觉得这是这个国家中女同比例飙升的原因。"），也包括政治。（"我再也不去晒日光浴了，因为奥巴马对此要征收10%的税，

---

[21] 虽然有人认为"意大利裔美国年轻男子"（guido）一词有种族歧视的意味，考虑到剧中的演员都用这个词来称呼自己，此处笔者选择沿用该词。如果有人对此感觉不舒服，我深表歉意。

我觉得他这么做就是在针对我们。麦凯恩（McCain）就不会收10%的日光浴税，因为他皮肤很白，或许会想要晒黑一点。奥巴马明显不会遇到这个问题。"）

史努基成了《泽西海岸》中最耀眼的明星，她古怪的个性既为她赢得了声誉，也带来了骂名。她经常在白天和夜间谈话节目中亮相，她和自己的朋友"詹哇哇"（JWoww）一起创办了一个衍生剧，她还经常出现在各种娱乐小报和名人杂志上。

因为她的名气，自然会有一些品牌免费给她寄送手包。这种植入式广告是一种标准的营销策略，存在历史已超过一百年。作为受人关注的电视明星，每周有数十万双眼睛在盯着史努基，因此一些公司会免费给她寄手袋以宣传自己的品牌，借此提高销量。一旦《人物》（People）杂志上刊登她的照片，就会被数百万人看到，如果能让自己品牌的手袋出现在照片上的话，将是一种非常强有力的广告宣传，并且广告成本相对不高。

但为何要将竞争对手的手包免费寄给她呢？为何他们要设法提高竞争对手的曝光度呢？

* * * * * *

结果发现，在《泽西海岸》所有演员中，史努基并不是唯

——一个与某品牌有着不同寻常关系的人。同年，阿贝克隆比&费奇（Abercrombie & Fitch）这个品牌主动提出与《泽西海岸》中的麦克·索伦蒂诺（Mike Sorrentino）合作。

再强调一次，付钱请名人穿某品牌的衣服是一种标准的营销策略。某些设计公司会向女明星支付一大笔钱，让她们在奥斯卡颁奖典礼上穿自己品牌的服装。蒂芙尼公司（Tiffany & Co.）曾向主持人安妮·海瑟薇（Anne Hathaway）支付了75万美元，让她在奥斯卡金像奖颁奖典礼上佩戴自己品牌的珠宝。商家期望这种植入式广告能够提高产品销量，因为人们看见自己最喜欢的明星佩戴这种产品，自然会产生购买的欲望。

但阿贝克隆比&费奇却付钱给麦克·索伦蒂诺不让他穿自己品牌的衣服，这是为什么呢？

业余歇洛克·福尔摩斯

假设你和朋友去参加一个聚会，和你一起来的朋友要和别人聊几分钟，这时你落单了，只能一个人打发时间。

聚会上的人都很陌生，但身边有两个人看上去有可能会和你聊天。其中一个穿得很"潮"，紧身牛仔裤、磨损的皮靴和复古衬衫，看上去就像是服饰连锁店的广告模特。另一个人看起来更职业一些，保罗衫、黑色卡其布裤子和皮革船鞋。

你更可能选择和谁聊天呢？潮人还是那位学院风？是AA美国服饰（American Apparel）的爱好者，还是钟情于布克兄弟（Brooks Brothers）的人？

选好了吗？现在，请花一秒钟想想自己为何做出这样的选择，为何你选了这个人而没选另外一个人。

或许你根据他们的穿着对两个人做出了某种推断。艺术潮人可能来自布鲁克林区（Brooklyn），偏向于自由主义，很有创造力。他可能对手工啤酒颇感兴趣，喜欢新出现的电子音乐兰草专辑（bluegrass album），也可能会给你推荐一部非常好看的艺术电影。

对那位中规中矩的人你可能会做出不同的推断。他可能来自美国南部（或者新英格兰地区），偏保守，可能对橄榄球运动非常着迷，上的是私立学校，从事金融行业，或者以前曾经打过曲棍球。

这些只是毫无根据的一般猜测吗？是的。

你有没有可能落入以偏概全的思维定式中呢？当然有这种可能。

我们每天都会做一些类似的推测。和歇洛克·福尔摩斯一样，我们会根据别人的选择对其做出各种推测。汽车和服装不仅仅具有使用功能，还是一种无声的交流媒介，能够向其他人传递信息，我们常常会据此推测一个人。

你知道大型金融服务公司的招聘工作是如何进行的吗？每次这些公司贴出职位需求时，他们收到的简历都会堆成小山。通常，一个职位会有数百个申请人，你很难知道谁最合适，谁的创造性和工作能力结合得最好，以及谁能和客户很好地交流？

理论上说，这家公司可以给每个应聘人员一个试用期，让每个人在这个职位上干几个星期，最终录用表现最好的那位，但这不现实。

因此，公司往往会通过一些信息来评估应聘者的能力和表现，比如应聘者曾经在哪个学校读书、之前干过什么工作，抑或是任何其他可以收集到的信息。如果某人毕业于美国名校布朗大学（Brown University），这并不能保证他或她会有很好的表现，但公司会根据此前的经验做出猜测。如果布朗大学的毕业生在该公司通常表现都很好的话，这家公司会将其作为雇用应聘者的一个有利根据，并将其作为判断的信号。

在聚会上落单同样如此。我们没有足够的时间四下走动并对聊天对象进行简单抽样，也不可以挨个与自己认识的人相对比再确定聊天对象，这太费力又耗时。

因此，我们会将别人做出的选择作为判断信号，判断他们到底是什么样的人，喜欢什么样的东西。比如，穿北面（The North Face）夹克的人应该比较喜欢户外活动，使用苹果（Apple）笔记本电脑的人可能很有创造力。研究表明，人们甚至会根据他人的购物清单做出推断。例如，一个人是买哈根达斯（Häagen-Dazs）还是买普通冰激凌，会对他人决定是否请这个人来照顾孩子产生影响。

从某种程度上看，这种推断毫无道理。购买何种冰激凌真的足以说明一个人是不是好保姆吗？不会吧。

但换个角度看，还是有点道理的。如果不做出这些以及其他很多类似推断的话，生活将会变得更加困难。不这样的话，我们又如何确定聚会上能和哪个人愉快地聊天呢？我们又该如何判断哪个求职者更适合这个职位呢？

* * * * * *

观察这些信号是一种捷径，能够让我们的决策过程变得更加简单。某个人的衣着打扮、说话方式、开什么车，这些特点是我们可以观察到的，可以作为判断某些非直观特点的线索，比如某人是否愿意和我们出去喝一杯，或者愿不愿意和我们一起吃饭。我们会将这些线索拼凑在一起，以便帮我们解开谜团。

而且这些信号并不是一成不变的，可以用新的信息不断更新。如果我们每次遇到的穿着很"潮"的人都很无趣，或者更糟糕的是，我们的钱包会被他们偷走的话，也许很快我们就不会再和这种穿着打扮的人讲话。

我们不仅会对他人做出推断，还会根据某种事物与什么人有关而对事物进行选择。

假设有人要求你对某个新福利政策进行投票。根据该政策，一个孩子的家庭每个月可以获得800美元的救济金，多一个孩子就多200美元。此外，还包括全面医疗保险、就业培训计划、2000美元的食品券、住房和托儿所额外补贴以及社区大学两年免费就读。救济金的领取期限只有8年，但该计划会保证救济金发放结束后为该家庭提供一份工作，而且该家庭再生一个孩子的话会重新获得救济金。

你会支持还是反对该政策呢？

当我们思考自己对于这种社会政策的态度时，通常我们会认为这取决于个人观点，取决于我们自己的信念或者对此类问题的感受。有人信奉自由主义，有人偏向于保守主义。保守主义者喜欢更严格的福利政策，而自由主义者更喜欢慷慨的福利政策，这没什么好奇怪的。事实上，在研究人们对这个较为慷慨的福利政策作何感想时，斯坦福大学的杰弗里·科恩（Geoffrey Cohen）教授发现，自由主义者支持该政策，而保守主义者则恰恰相反。

但科恩的研究并非到此为止。他将同样的福利政策展示给某些保守主义者，但加了一条信息：该政策很受共和党人欢迎，获得了众议院共和党人95%的支持，而且共和党议员觉得该政策"覆盖面足够广……不会损害基本的工作伦理，也不会造成个人责任感缺失"。

保守主义者理应讨厌该政策，这与他们的信念完全背道而驰，事实上，世界上现存的任何福利政策都没这么慷慨。

但事实并非如此。只要告诉保守主义者共和党人喜欢该政策，就足以完全改变他们的观点转而开始喜欢该慷慨的福利政策，且不仅喜欢，还极度支持该政策。所有这些改变都是因为他们觉得自己所支持的政党喜欢该政策。

如果你是自由主义者，这种现象与你长期以来的感受就不谋而合：共和党人都是意志薄弱的从众者，只会盲目听从自己所在政党的吩咐，他们不会批判地看问题，只懂得跟随所在政党的路线，难怪他们会将这个国家弄得一团糟。民主党人则更有思想，更关注问题本身，你说是不是？

不要这么快下结论。自由主义者同样容易受到社会影响的干扰。如果他们只得到有关该政策的基本信息的话，自由主义者会倾向于慷慨的福利政策，而不喜欢严格的福利政策。但增加一条有关其支持群体的信息却足以完全改变这些人的观点。如果有人告诉自由主义者，共和党人喜欢该慷慨的福利政策，自由主义者就会选择反对该政策。如果给自由主义者一个较为严格的福利政策，但却告诉他们该政策受到了其他民主党人的支持的话，他们同样也会表示支持该政策。实际上，他们对于该严格福利政策的喜爱程度，会比不了解群体支持信息时对慷慨福利政策的喜爱程度更高。人们的态度完全取决于该政策跟谁联系在一起。

群体支持信息并非简单地让人们的态度有所偏移，而会让人们的态度彻底地改变。人们会因为某个政党支持或者反对某项政策而完全改变自己的态度。也就是说，无论福利政策到底是宽松还是严格，如果保守主义者认为共和党人支持该政策的话，他们同样会支持；而如果他们觉得民主党支持该政策的话，他们就会反对。自由主义者同样如此，只是他们赞同的是民主党支持的政策（而反对共和党支持的政策）。

总而言之，在政治观点方面，政党比政策本身的影响力更大。

信号从何而来？

当本田推出一款名为"元素"（Element）的全新紧凑型跨界车时，这家公司想吸引的是二十多岁的客户群。这款运动型多用途汽车（SUV）的设计初衷是为了满足喜欢越野的人的需求，座椅可以折叠，行李舱中可以放皮艇或者山地车。该车的广告与产品定位不谋而合，其中充斥着当下流行的喧闹音乐，以及年轻人冲浪、单板滑雪和进行其他极限运动的镜头。

阿贝克隆比 & 费奇服装公司同样塑造了自己特有的品牌形象。在它们的广告中出现的是身材完美的青春期少男少女在沙滩上玩耍的照片，看上去非常性感。阿贝克隆比商店也给人一种类似的感觉，昏暗的灯光、性感的销售人员，青春的味道扑面而来。

两家公司传递的信息非常明确：想和这些人一样吗？那就买我们的产品吧。你买的不是产品，而是拥有某种生活方式的门票，以及这张门票所带来的一切。如果你喜欢户外运动，"元素"这款车正好适合你；如果你想拥有性感的身材或者想和这样的人约会，那就穿阿贝克隆比的服装吧。

商家对自己品牌所传递的信号具有完全的控制权吗？

广告中，本田将"元素"这款车塑造成车轮上的宿舍，专门为需要携带山地车和冲浪板的大学生和二十几岁的人而设计，但最终却发现这款车同样吸引了其他人群，受到了三十几岁以及四十几岁人的欢迎，因为他们发现这款车很适合带孩子和拉杂货。老年人也觉得这款车上下车很方便，内部空间大，并且价格相对较低。

很快，"元素"这款车就不再传递"青春"、"户外"这样的信号，而是开始传递其他某种信息。

阿贝克隆比同样如此，但在展开这个故事之前，我们先要了解一些有关小型绿青蛙的知识。

* * * * * *

做一只小型雄性绿青蛙很难。它先是和其他数以千计的兄弟姐妹一起组成一坨浮动的受精卵；不到一周之后，受精卵开始孵化成小蝌蚪；如果侥幸未被蜻蜓幼虫或鱼类吃掉的话，它很快就会成长为蝌蚪，争着吃水藻以及其他可以入口的食物。但随着身体越长越大，它被苍鹭、野鸭和其他动物吃掉的可能性也就越来越高。平均下来，它顺利变成青蛙的概率不足1/250。

当它变成一只成熟的青蛙之后，生活也不会变得很轻松。现在它需要找一个伴侣了，这可不是一件容易的事。雌性青蛙要找的不是爱情，而是寻找某个拥有一片好地方的雄蛙，方便自己安全地产卵。拥有最好栖息地点的雄蛙甚至可能会在产卵季节中多次交配。因此，春末夏初之时，雄蛙必须离开生活舒适的潮湿栖息地，迁徙到繁殖地点，在池塘中找寻最好的繁殖角落。

在跳跃了多次之后，它终于找到了这样的地点。在午后逐渐变暗的阳光中，这里有阴凉，水草很多，水也不是特深。此时它需要震动声带，让雌蛙知道单身的自己已经做好了交配的准备。

但在找到自己的真命雌蛙之前，它听到了一些噪声。这是一个低沉的"呱呱"声，与它的声音很像，只是更低沉一些。

不好！有别的青蛙来抢它的地盘了。

绿青蛙发出的声音通常与体型大小有关，体型越大的青蛙发出的声音越低沉。在和体型较小的青蛙争斗时，体型大的青蛙通常都会取胜。

此时小绿青蛙应该怎么做呢？如何才能守住自己的领地呢？

结果发现，小绿青蛙采取了一种非常聪明的做法。它撒了个小谎，一个小小的谎。

小绿青蛙没有选择用自己正常的叫声来回应大青蛙，而是换了一种方式，一种更低沉、含义更丰富的方式。在面对可能抢夺自己地盘的对手时，小绿青蛙会发出一种更低频率的叫声，这种声音让它们显得体型更大、更强壮。

这和租辆奔驰车去参加高中同学聚会以及在约会网站自我介绍中放一张十岁时候的照片一样。为了得到想要的结果，这种小绿青蛙会虚张声势来骗过体型较大的青蛙。

虚张声势本身并不是一件坏事，每个人都这么做过。谁不愿意让自己显得更时髦、更聪明、更富有呢？人们也因此会购买发出这种信号的产品。

但如果太多人都开始虚张声势，或者出于更实用的原因，更多的群体都开始做某事时（比如老人也开始买"元素"这款车），就会出现很有意思的情况：这种信号的含义会发生变化。

如果很多不热爱户外的人开始穿北面牌服装的话，无论他们是想让自己看上去更富有冒险精神还是说他们喜欢这种衣服的款式，该品牌就失去了价值，无法继续传达坚定的户外主义信号。更糟糕的是，人们可能会将该品牌与"东施效颦"联系在一起。曾经代表某种含义的事物如今可能开始传达出另一种含义。

当阿贝克隆比 & 费奇服装公司看到索伦蒂诺在《泽西海岸》中身穿其品牌的衣服时，该公司担心的就是这一点。它们的新闻稿是这样说的：

"索伦蒂诺先生跟我们的品牌联系在一起，可能会严重损害我们的品牌形象，对此我们深表担心。我们知道该剧以娱乐为目的，但仍然与我们的品牌鼓励人们积极向上的本质特性背道而驰，并且可能会给我们的诸多拥护者带来压力。因此，我们主动提出向麦克·索伦蒂诺以及《泽西海岸》的出品人支付一大笔钱，以便让这个角色换个品牌的衣服穿。我们向该剧的其他演员也提出了同样的要求，并且正在焦急地等待他们的回复。"

有名人穿自己品牌的衣服时，商家们通常会喜出望外。但阿贝克隆比担心的是，如果导向错误的名人开始穿自己品牌的服装时，会导致不堪设想的后果。

因为如果很多《泽西海岸》的追剧者都开始穿阿贝克隆比服装的话，该品牌可能无法继续传达白人精英阶层学院风的含义，反而传达出其他信号。如此一来，想穿出这种风格的人们可能会放弃该品牌。

人们在乎的不光是其他人在做什么抑或其他人是怎样做的，他们还在乎这些其他人是谁。

戴腕带的极客

过去两个小时，斯坦福大学的卡伦（Karen）一直在和计算机科学作业做斗争，总想找个借口休息一下。忽然，传来一阵敲门声，她原本希望是凯瑟琳（Catherine）拿着夜宵回来了，但打开宿舍门后，她却发现是两个身穿黄色衬衫的女学生在敲门。

"我们是斯坦福大学癌症宣传组的，"其中一个女孩说，之后给了卡伦一本黄色的小册子，"为了普及癌症知识，引起社会关注，斯坦福大学的学生要在11月佩戴黄色腕带。我们希望大家重视癌症，并且我们也在出售这种黄色腕带筹钱。"那个女孩递给卡伦一个塑料袋，里面装着一个小小的黄色腕带，"我们给您这条腕带，希望你能捐至少一美元，所有这些钱都会用于癌症研究。如果你没有一美元的话，我们也可以只要25美分，钱不多也没关系。这是一次为提高大家防癌意识做贡献的机会，也是一次展示自己寝室荣耀的机会。"

"好的，"卡伦说，"我捐。等我找一美元，先别走。"她回到自己的书桌前，开始在最上面的抽屉里翻找。"也给我的室友来一条吧。"她说，然后拿出两美元，换回了两条黄腕带。

"谢谢！"门外的两位女孩说，"我们希望能多卖一些黄腕带，以便更好地宣传癌症意识。在接下来几周内都请戴着这条黄腕带，并请你的室友也戴上，非常感谢。"

"一定，"卡伦说，"祝你们好运！"之后她关上了房门，又继续做她的作业。

* * * * * *

随后某一天，当卡伦上完社会学复习课回来后，闻到了起居室中传来的香味。她伸长脖子一看，发现有半数的室友在围着几盆比萨饼，而另一半室友则忙着勾选纸上的数字。

"干什么呢？"她问其中一个室友。

"嘘，"丽萨回答说，"他们让我们独立作答。商学院的几个学生正在进行某种调查，完成调查问卷就可以免费吃比萨饼。"这听上去很公平，卡伦也从负责调查的学生手中拿了一张调查表填了起来。

除了晚上几点上床等一般性问题之外，调查问卷中还问到她是否拥有并且正在佩戴与某种社会公众事业有关的物品，比如5kT恤或者寓意"坚强地活着"的黄色腕带。卡伦并没有穿5kT恤，但她确实戴着前几天拿到的黄色腕带，因此她勾了"是"。她答完了所有问题，将填完的问卷跟其他问卷放在一起，然后抓起了一块比萨饼。

＊　＊　＊　＊　＊　＊

你会如何描述斯坦福大学的学生？绝大多数人肯定不会首先想到"酷"这个词，"技术宅"或"聪明"是比较普遍的描述和评价。

结构性博雅教育（SLE）是斯坦福大学中专注于学术的宿舍。有些学生可能会不满足于正常的学业负荷，喜欢学习的大一新生可以申请这种特殊的宿舍，但做出这种申请也意味着要参加额外的学术活动。SLE学生要读更多的书，参加涉及印度神话和中世纪的基督教等话题的额外讲座活动。每年秋天，该宿舍都要表演古希腊戏剧作家阿里斯托芬（Aristophanes）的作品《利西翠妲》（Lysistrata）。

毫无疑问，生活在SLE宿舍中的学生会被人们视为大学校园中的极客。人们并不是不喜欢SLE学生，只是觉得他们不是特别酷。

如果这些极客开始和自己做同样事情的话，人们会有什么反应呢？例如，如果极客们也开始佩戴那些黄色腕带的话，卡伦等普通学生是会继续佩戴这种腕带，还是会选择放弃，以免被人误以为是极客呢？

为此，斯坦福大学的奇普·希思（Chip Heath）教授开始和我用黄腕带做试验。

我们先去了卡伦所在的宿舍，一间屋子一间屋子地推销这种黄色腕带，之后，几个研究助手又回到了这些宿舍，发放貌似与此毫不相关的调查问卷。但是，该调查问卷的真实目的是让我们评估一下戴腕带的学生到底有多少。（学生们会为比萨饼付出"一切"的。）

接下来就是那些极客。我们在隔壁的SLE宿舍中推销了同样的腕带。

最后，在我们将腕带成功卖给那些极客之后，研究助手又回到了卡伦所在的宿舍，看看卡伦和她的室友们是否仍在佩戴这种腕带。

这些学生有足够多的理由继续佩戴这种腕带。这种腕带相对很新颖，并且代表着自己支持某种社会正能量事业。卡伦和她的同伴们并非对这种腕带一无所知，她们早已开始佩戴。因此，得知极客们也佩戴这种腕带，这对卡伦和她的同伴们喜不喜欢这种腕带来说并没有提供任何新信息。此外，人们会避免和他人做同样的事情，但放弃自己喜欢的某种事物却要另当别论，这必须要有很强的动机才行。

事实确实如此。虽然佩戴黄腕带代表自己支持某种社会正能量事业，虽然人们很喜欢这种腕带并且早已开始佩戴，但极客们开始佩戴这种腕带仍然会让人们选择放弃。在发现极客们的行为后，卡伦的宿舍中几乎有1/3的人选择了不再佩戴这种腕带。

有人或许会问，是不是这些学生只是厌倦了佩戴腕带呢？并非如此。我们把这种腕带同样推销给了位于校园另一侧的一间宿舍。这些学生拿到腕带的时间和卡伦宿舍的学生一样长，但这些学生的宿舍离极客们的宿舍很远，因此被发现和极客们佩戴同样的腕带并被人误解是极客的概率很小。所以这些学生一直戴着这种腕带。

因此，卡伦宿舍的学生们放弃这种腕带，不是因为腕带不好看或者已经失去了社会作用，只是因为这些学生不想被当成极客。

* * * * * *

人们会为避免自己的身份被搞错而做出改变，因为人们不想向他人传递某种自己不想要的身份信息。人们看到胖子吃很多糖果时，就会减少吃糖行为；社会中上层人士发现工薪阶层管自己的孩子叫"小……"时，就会停止这样称呼自己的孩子；有了足球妈妈

（soccer mom）[22]的说法后，小型货车的销售量锐减；高科技技术企业的CEO们都穿连帽衫而不穿西装，以此特立独行。

身份被人误解可能要付出很大的代价。身穿胸前印着亚洲蜘蛛猴乐队图案的T恤是一个强大的信号，有助于让你遇上其他同样喜欢他们音乐的人，甚至可能借此找到完美的人生伴侣。

如果人们听说该乐队有望成为下一个社会焦点，某些赶时髦的人也开始穿这种T恤的话，它就失去了发出社会信号的价值。此时的你不仅不再是独一无二的，而且，其他的旁观者们并不知道，穿这种T恤的人到底是独立摇滚音乐[23]爱好者还是仅仅为了赶时髦，你喜欢的到底是吉他演奏曲还是普拉达（Prada）新春系列。这时，穿这种T恤的独立摇滚音乐爱好者可能会被潜在的朋友所忽视，并且还要忍受前来跟他探讨黑色是否真的是最新流行色话题的那些人。

身份被人误解会让我们无法获得自己想要的交流互动，同时还

---

22 足球妈妈（soccer mom），最初用来描述那些开车载孩子去踢足球并在一旁观看的妈妈们。媒体有时候会把这类女性描述为生活忙碌或不堪重负，并且时常开一辆小型货车。此外，足球妈妈给人的印象是把家庭的利益，尤其是孩子的利益看得比自己的利益更重要。——译者注

23 独立摇滚音乐脱胎于20世纪80年代的地下摇滚和另类音乐，它强调乐队需要不受干扰地按照自己的思想创作音乐。坚持自己的观点和见解是独立摇滚音乐的精髓所在。——译者注

要忍受自己并不想要的交流互动行为。更糟糕的是，可能会让别人以为自己装腔作势，是个盲目的追随者，看上去在模仿某个亚文化群㉔的风格，但其实并不属于这个群体。

身份误解的严重程度是有差别的。试想一下排成一排的政治团体或其他任何团体，从左到右依次是激进派、自由派、温和派、保守派和反动派。各派别都希望人们能够正确识别自己的身份，不想被人误解为属于其他派别。但各个派别之间的差别越大，把人搞混要遭受的惩罚也就越严重。绝大多数自认为属于自由派的人不希望被人当成温和派，更不愿意被人当成保守派。而保守派对于被人当成自由派会有同样的反感。

如此说来，与现实的反差越大，被人误解身份所付出的代价也就越高，情况也就越糟糕。绝大多数25岁的人都不想被人认为有30岁，更不希望自己看上去有35岁（或者只有17岁）。一般来说，与实际年龄相比显得太过年轻会被人看轻，从而错失升职机会。而与实际年龄相比显得太过老气会导致自己不合群，收不到聚会或其他社会活动邀请。因此，与现实的差距越大，身份被人误解的危害性越大。

* * * * * *

㉔ 一个社会及其文化是由该社会内部的民族群、宗教群、种族群、地理区域群等因素相互作用而形成的，营销学称这些因素为"亚文化群"。——译者注

除了派别身份之外，这种差别还包括某些信号所传达的微妙社会特征。人们不太可能将十几岁的年轻人与四十岁的企业高管搞混，头发花白的摩托车党不太可能被错当成秃顶的会计师。但如果会计师们为了让自己看上去更强壮而开始骑哈雷摩托车的话，看别人骑哈雷摩托车的那些人可能会做出推测，认为车手和会计师有诸多相似之处。

设想一下，你正在霍夫布劳牛排店（Hoffbrau Steakhouse）中用餐。这是一家家族制企业，门店遍布整个得州，从阿马里洛（Amarillo）到达拉斯（Dallas）都有。和得州牛排店通常给人留下的印象一样，霍夫布劳牛排店的菜单上大部分都是肉食，从培根卷菲力牛排到得州两步双人套餐（双沙朗牛排，底下铺着一层烤洋葱），再饥饿的牛仔都能在霍夫布劳牛排店找到满意的牛排。这里的牛肉都是手切的，喂好调料，烘烤火候恰到好处。

你可以点份烟熏沙朗牛排，它是用山胡桃木烟熏的，外面撒上胡椒粉，看上去就好吃。现在你只剩下一件事需要做出选择：牛排要多大的？

如果你觉得自己不是很饿，菜单上有两种选择：12盎司牛排和8盎司女士牛排。你会选哪种呢？

对于女性而言，非常容易选择，可以直接点份女士牛排。事实也如此，研究发现，大约有80%的女性会选择女士牛排。

但如果你是男士的话，又会出现什么情况呢？

你没那么饿，所以可能更喜欢小一点的牛排。天哪，12盎司比8盎司多的可不是一星半点，牛排足足大了半圈。单从大小上选择应该很简单，对吧？

而且，牛排就是牛排。即使点了女士牛排，人们也不会把一个小伙子当成女人，因此，在理论上，男士应该没什么可担心的。

当消费心理学家将这两种选择摆在男士面前时，95%的人都会选择分量更大的牛排，这并不是因为他们刚刚发现自己比想象中要更饿。当研究人员把小份的那种牛排标成"厨师牛排"时，男性会喜不胜收地选择这种更小的牛排。由此可以得出结论，男士们之所以不点女士牛排，是因为他们担心这样做在别人眼中显得不够男人。

模仿白人

西德尼（Sidney）于20世纪80年代中期出生在华盛顿，一直以来，他的学习成绩都很好。他不是班里最聪明的孩子，但却比其他学生更出色。他的成绩单上几乎除了A就是B，标准化考试成绩同样分数很高。九年级时他参加了基本技能考试，西德尼的分数要高于其所在年级的平均水平，他在科学、社会研究和语言方面已经达到了大学水平，阅读和数学能力也几乎达到了大学水平。

等他上到十一年级时，西德尼的老师注意到了一种令人不安的脱节现象。西德尼的能力还在，但他的表现却有所下滑。他的标准化考试成绩依然分数很高，但平均分却降到了C级。

老师知道西德尼可以有更好的表现，只是他没有努力而已。为何西德尼没有拿出与其潜力相符的表现呢？

* * * * * *

种族差距方面的研究文献很多，从标准化考试成绩、辍学率、平均分、大学录取率和大学毕业率等多个方面来看，非裔美国学生

（和拉美裔美国学生）的成绩通常会比白人学生低。美国国家教育进展评估（National Assessment of Educational Progress）是对美国学生进行的规模最大的、全国最具代表性的评估测试。在该项评估中，非裔美国学生在阅读和数学方面的得分要比白人学生低10分左右。（和本书讨论的很多其他观点一样，这仅仅是平均值而不是绝对值。但考虑到这种现象一直存在，纠正这种现象的关键之一，就是要理解这种现象为何出现并且为何持续存在。）

这种差异的背后有无数种原因，其中之一就在于资源。通常少数群体的学生只能就读于资源相对匮乏的学校，同时还存在区别对待或种族歧视等方面的原因。有些教师和学校管理人员总会或明或暗地降低对少数群体学生的要求，对他们进行家访的机会较少，将其分配到补习班的可能性更高，所有这些都会影响到学生的成绩。

除了这些传统的解释外，还有一种更为复杂的解释。

20世纪80年代中期，西格尼西亚·福德汉姆（Signithia Fordham）教授和约翰·奥格布（John Ogbu）教授对种族与学习成绩间的关系进行了研究，研究对象是华盛顿地区的一所高中。这所化名"国会高中"（Capitol High）的学校位于低收入区，前面提到的西德尼就在这里上学。和其他所有学校一样，国会高中的学生也是参差不齐，有人表现好，有人表现差。

但当福德汉姆和奥格布仔细研究他们的学习表现时，他们发现，身份信号在其中扮演了非常关键的角色。成绩很好或者进修高级课程的黑人学生通常会受到黑人同伴们的嘲笑，认为他们在"模仿白人"或者说他们是"讨好白人的黑人（Oreos）"（外表是黑的，中间是白的）。泡图书馆、努力学习或者努力取得好成绩被贴上了"白人"标签，是黑人学生无法接受的。

学习好与非裔美国人身份不符，这一观念极具破坏性。和西德尼一样，很多黑人学生原本有能力学习好，但却放弃了努力，因为他们不想被自己的同伴孤立。

成绩好的少数群体学生则会极力掩盖自己的优秀。他们会装得沉默寡言，或者在班级里扮演小丑，防止别人说他们太努力。一位表现很好的少数群体学生极不情愿地参加了学校的"学术团队"考试，最终她是得分最高的几个人之一，但这个学生依然没有选择加入该团队。

正如福德汉姆和奥格布所说："美国黑人……正在开始将学习成绩好视为白人的特权，开始鼓励自己的同伴不要像白人学生那样努力学习，也就是不要'模仿白人'，尽管这种行为可能是无意识的。"

毫无疑问，有人对该观点持有异议。福德汉姆和奥格布的发现不乏贬低者，但最近有分析为该观点提供了更多的证据。在对近十万名学生的全国代表性样本进行分析之后，两位经济学家发现，对不同种族而言，学习表现和受欢迎程度之间的关系是不同的。对于白人孩子而言，分数越高，社会地位也就越高，成绩全得A的白人学生要比成绩有A有B的同伴更受欢迎。

但对少数群体学生而言，成绩与受欢迎程度间的关系有所不同。与同伴相比，各科学习成绩都是A的黑人学生和拉美裔学生更不受欢迎。与模仿白人的理念一样，学习表现很好的少数群体学生貌似要为教育投资而遭到社会惩罚。

肤色也有一定的影响作用。如果努力学习被视为在"模仿白人"的话，长得更像白人的少数群体学生则更容易受到嘲笑，并且要更加小心避免发出不想要的信号。和他们的黑人同伴相比，肤色稍浅的黑人学生可能更担心被人认为是在"模仿白人"，因此他们的学习努力程度可能更低。

实际上，和他们的黑人同伴相比，肤色稍浅的非裔美国男孩觉得自己更不被社会所认可，他们的学习表现更糟糕，GPA得分几乎要低0.5分。外貌特征更不像拉丁人的拉丁裔男孩在班级中也更易被人所孤立，他们的家庭作业完成率更低，平均分也更低。

不只种族差异如此，性别差异同样存在。虽然社会已经有了巨大的进步，但女性在科学、技术、工程和数学领域中所占的比例仍然比较低。虽然大学毕业生中几乎有60%是女性，但她们在这些领域的从业人员中只占24%。

研究发现，女性对数学、科学和计算机科学领域的兴趣更低，其中一个原因在于，她们将这些领域与某种身份联系在一起。女性认为计算机科学领域属于那些喜欢《星际迷航》（*Star Trek*）和计算机游戏的极客们。由于绝大多数女性都不愿意成为这样的人，所以她们会避开这些职位转而寻求其他领域。这种身份方面的担心让很多有天赋、有能力的女性选择了其他行业，尽管她们本来可以成为计算机科学家或者工程师。

身份信号甚至能够影响父母会不会把艾滋病病毒传染给自己的孩子。

在南非，人们投入了数十亿美元用于预防艾滋病病毒，但每年仍有成千上万的婴儿出生时就携带这种病毒。其中一大挑战就是要确保合适的药品能够送达这个国家各个偏远医院，但最大的挑战是在心理层面的。准妈妈们拒绝服用可以挽救自己孩子生命的药品，原因在于她们不想承认自己有艾滋病。另一些妈妈则由于母乳喂养让孩子染上了这种病毒，原因在于她们拒绝用奶瓶喂养孩子，这是因为在某些地区，用奶瓶喂养孩子被视为患有艾滋病的标志。因此，改善公众健康状况需要的不仅仅是好药，还需要深刻地理解艾滋病所带来的耻辱以及抗艾工作的意义之间的复杂关系。

人们何时会选择分化

以上这些发现非常引人关注，但问题是，为何它们通常会出现在生活中的某些方面，而不会出现在其他方面。非裔美国学生和白人学生使用同样的钢笔时，人们不会嘲笑非裔美国学生是在"模仿白人"；男人看上去也不介意和女性使用同样品牌的纸巾和冰箱；罪犯吃面包，不会让我们所有其他人拒绝吃面包。那么，何时更容易出现分化，分化的原因何在？

和分化本身的性质一样，答案在于身份传递。有些选择会比其他选择具有更强的身份信号意味，比如汽车。

假设你马上要去见从未谋面的某个人，一位朋友告诉你这个人开沃尔沃旅行车。就此你会做出何种推断呢？你感觉对方是什么样的人？

人们所开的汽车并不能说明他们的一切，但至少能够说明某些方面（比如是不是自由主义者）。

拿纸巾与汽车进行对比，使用帮庭牌（Bounty）纸巾的人透露了什么信息？借此能看出他们到底是自由主义者还是保守主义者吗？他们到底是住在沿海地区还是美国中部？你可能什么都看不出来。

原因在于，在人们眼中，某些选择与身份的关系更加紧密。

与身份关系的紧密程度部分取决于他人是否可见。除非你在某人房子周围仔细窥探，否则很难发现对方使用什么纸巾或洗洁精。所以这些东西的选择很难传递身份的象征信号。而人们更容易观察到某个人的穿着和所开的汽车，也就更容易由此推断其身份。

在人们看来，做出选择的功能性考虑越少，与身份的关系就越密切。某个人选用何种纸巾或洗洁精，这更多取决于其功能性选择，比如纸巾的清洁效果如何，使用时会紧紧地粘在一起还是会彼此分离……对于诸如此类的选择而言，用途是主要的考虑因素，因此，人们不会根据这类选择对一个人的身份做出太多的推断。

但其他很多选择并不是出于功能考虑，更多在于个人品位。与纸巾相比，发型选择并不主要是基于功能考虑，汽车的选择同样如此。全新的汽车当然会比破旧的老爷车更可靠；某些车的油耗比其他车更低，可以坐更多的人；绝大多数的汽车都能顺利地将你从A地拉到B地。当个人品位决定了一个人的选择时，我们往往更愿意借此推测一个人的身份。

并且，只有当这种选择被视为身份信号时，人们才会在选择方面出现分化。如果购买哪种纸巾的行为不会被别人推断出任何身份信息的话，谁会购买就变得无关紧要了。是极客还是赶时髦的人？是男人还是女人？这些都无关紧要。罪犯可能同样喜欢用帮庭牌纸巾，但这不会改变你的行为，你没有理由为这种纸巾和什么人联系在一起而拒绝使用这种产品。

价值30万美元但不显示时间的手表

每年春天，手表行业的重量级人物都会齐聚瑞士巴塞尔参加一年一度的巴塞尔国际珠宝钟表展（Baselworld）。巴塞尔位于瑞士、法国和德国交界处，是时尚和精密完美交融的理想地，而这两种要素正是钟表行业的精髓。该展会每年参展人数超过10万人，人们争相来观看行业内最新、最伟大的发明，从最新的劳力士（Rolex）表到多功能操作方面取得的突破。

2008年，巴塞尔国际珠宝钟表展参展人员收到了一份特别公告。瑞士知名品牌罗曼·杰罗姆（Romain Jerome）准备发布一款独一无二的产品。作为"传奇DNA"系列的一部分，杰罗姆此前推出了月球尘埃DNA腕表，这种腕表是用"阿波罗11号"和"联盟号"航天飞机的碎片制成的。每个表盘上都有小坑，里面填充着月球岩石尘埃，表带用国际空间站上宇航员穿过的航天服制作而成。月球尘埃DNA腕表可不便宜，售价超过1.5万美元。

但杰罗姆推出的新品售价远超这个价格，标价30万美元。

新品名叫"白天与黑夜"，是非常高端的腕表。腕表部分材料来自从"泰坦尼克号"打捞上来的钢质残骸，上面有两个陀飞轮而不是一个，这种设计的目的是为了抵消地球引力对手表精确度的负面影响。

它有一个让人无法忽略的关键之处，即这款腕表并不显示时间。

正如该公司网站上所说，"'白天与黑夜'这款腕表并不显示几点几分几秒，而是采用了一种全新的度量时间的方式，它将整个时间世界划分为从根本上完全对立的两个部分：白天与黑夜。"好吧，它确实能够显示时间，但只是告诉你天亮了还是天还没亮。

这款腕表对于绝大多数的人来说毫无用处，但对那些从不出门、家里除了没有窗户以外什么都有的亿万富翁来说，这款腕表堪称完美。结果，这款腕表在48小时内即告售罄。

* * * * * *

人们很可能会嘲笑那些超级富翁的愚蠢行为，但这种现象并不罕见。德国腕表品牌朗坤（Erich Lacher）在其出品的磁力滚珠手表（Abacus Watch）上采用了类似的做法，但售价相对便宜，只有150美元。这款表通过一根自由浮动的滚珠轴承来显示时间，这可能会让你想起自己小时候玩过的滚珠游戏。只有当手表平行于地面并且完全静止时，该轴承才会被一块磁铁拉到表盘上正确的位置以显示时间。

不显示时间的手表只是一种非功能性产品，这种产品直接违反了其功能目的。类似的产品还有单速自行车以及死飞车（fixed-gear bicycle）。

美国旧金山人特别喜欢骑自行车。旧金山虽然有很多山，但天气很好，自行车道随处可见。到处都能看到骑自行车的人：人们骑车去上班，骑车来锻炼，去哪儿都骑自行车。

但如果仔细观察一下某些自行车的话，你会惊讶地发现，很多自行车只有一个齿轮。再仔细观察一下最时髦的人骑什么车的话，你会发现他们骑的自行车也只有一个齿轮。有些人甚至骑的是死飞车，这是一种固定齿轮的自行车，车轮与脚踏板永远处于联动状态。后轮转动时，脚踏板也要随之转动，这就意味着，想前进的话，必须一直蹬脚踏板。这种车还没有刹车，唯一的刹车方式就是踩住脚踏板不让其转动，借此将车速降下来。

作为全球排名第二的多山城市，为何这里会有人选择购买不带刹车的自行车呢？

固定齿轮自行车和不显示时间的手表通过减少甚至舍弃其功能用途而变成了一种身份象征信号。绝大多数的人购买这些产品都是为了获得其使用功能，因此，公然放弃这种功能的产品能够给出明确的身份信号。就连小孩都能很好地掌握10速山地自行车的骑行技巧，但想骑好单齿轮自行车则需要一定的技巧。所有人都可以买到一块显示时间的手表，但佩戴不显示时间的腕表的人必须具备强烈的自我意识（同时也要找到另一种确定时间的办法）。

因此，功能性缺失会带来一些成本或造成一些进入障碍。有些成本可以用金钱来衡量，比如购买游艇要花费很多钱。

同时还有其他形式的成本，其中之一就是时间成本。比如，学习红酒知识需要投入大量的时间和精力，想要精通法国哲学同样如此。

此外还有机会成本，比如留玉米辫子或者打眉钉可能会让人难以找到高收入的白领工作。

再者还有身体和精神方面的付出。比如想拥有"洗衣板"式腹肌需要做数百个仰卧起坐，并且还不能吃甜食。

这些成本的存在降低了人们广泛应用的可能性。绝大多数的人都没钱买游艇，没时间研究福柯（Foucault），也没有足够的毅力放弃碳水化合物食物。

但付出这些成本也能获得好处，可以把圈内人和模仿者区分开来，以此辨别出哪些人真正了解或真正在乎某个领域，哪些人对此并不十分关心。你不可能奢望某一天自己突然跳上一辆死飞车就能安全地掌控这种车，你必须投入时间和精力才能掌握正确的骑行技巧。

单词拼读同样如此。以"沙舍夫斯基"（Krzyzewski）这个人名为例，请尝试将其大声读出来。

对于熟悉大学篮球赛的人来说，这可能是再简单不过的一件事了，因为迈克·沙舍夫斯基（Mike Krzyzewski）是杜克大学蓝魔队（Duke Blue Devils）的主教练。很多评论员和朋友曾经在你耳边说过上百次这个名字，无论他们喜不喜欢这支球队。

但对于不关心大学篮球的人来说，拼读这个名字就像是绕口令。你必须得一个字母一个字母地去拼读，最后可能会发出像"科里兹兹—伊乌—斯基"这样糟糕无比的读音。（而正确的发音则是"沙—舍夫—斯基"。）为了正确地读出"沙舍夫斯基"这个人名，你需要了解足够多的大学篮球赛，或者身边有朋友是内行（或者朋友会说流利的波兰语）。你为此需要投入的时间也是一种成本。

当然，有些人可能很愿意整天观看大学篮球赛。如果你对大多数的体育迷们说，观看全国大学体育协会（NCAA）篮球比赛的"成本很高"，结果肯定是哄堂大笑，因为对他们而言这是一种乐趣。

但并非所有人都这样认为。并且，无论你是否喜欢观看大学篮球赛，在获取这方面知识所投入的时间原本可以用在其他方面，因此，所需的时间也是一种成本，它能将了解和不了解这种知识的人区分开来。

* * * * * *

成本也可以用来解释为何某些信号会持续存在。想一想，为什么某些事物会经久不衰，不会因时间流逝而淡出人们的视野？

某些事物的成本越高，其作为一种清晰而精确的信号的保值度就越高。人们坚信，拥有游艇的人很富有，骑死飞车的人很了解这种车，因为某些事物的成本越高，局外人选择这些事物的可能性就越小。在降低局外人进入可能的同时，这种成本也提升了这种信号区别人们是否具备某种特性的价值。

以莫霍克发型（Mohawk）为例，绝大多数人都想让自己显得很有个性，但人们不会选择为此而剃掉两边的头发，因为这种怪异的发型会让人难以找到白领工作，且不容易获得约会机会。当然，当大卫·贝克汉姆（David Beckham）和克里斯蒂亚诺·罗纳尔多（Cristiano Ronaldo）等名人留起仿莫霍克发型时，时尚男士们也开始留起了这种发型，但却不愿意一直保持这种发型。需要说明的是，仿莫霍克发型比较低调，中间的头发凸起较小，两边也不需要都剃光。

这正是莫霍克发型能够一直被作为"局外人文化"象征的原因，因为留这种发型的成本足够高，致使主流人士无法接受。所以，成本越高的信号持续存在的可能性越高，其含义保持的时间越长久。

正如推出价值30万美元但不显示时间的腕表的那家公司的首席执行官伊凡·阿尔帕（Yvan Arpa）所说："任何人都能买一块显示时间的手表，但真正有眼光的顾客才会购买不显示时间的手表。"

贵的和便宜的什么时候看上去一模一样

马特（Matt）是得克萨斯大学奥斯汀分校的在读本科生，读通信专业，但他希望自己有朝一日能够进入音乐界。他目前在学校附近一家餐馆中收拾桌子挣钱，以弥补大学里高昂的学费。当我们询问马特是否愿意完成一份简单的调查问卷并且可以挣5美元时，他迫不及待地抓住了这个机会。他从书包中拿出一支钢笔，坐在附近的一张餐桌前，开始阅读问卷说明：

"这份调查问卷的目的是研究产品认知问题。首先请阅读下面有关时尚的一段话，评估一下你对这段话有多少认同感：我很了解时尚知识，我经常思考时尚方面的事情。"

马特认为自己不怎么关心时尚，他不太了解时装，从来没有仔细研究过最新的潮流，平时也很少关注这些事情。他购买的最新的一件"时髦"T恤上面有一个奇怪的闪闪发光的图案，这还是上次和女朋友去商场时女友让他买的。他在绝大多数问题上都选了"非常不认同"，然后翻到下一页。

"我们将向您展示多张手提包照片。对于每个手提包，你认为它值多少钱？在每张照片旁边，请根据自己的判断写出价格。"

手提包？喔，马特想，自己肯定不太了解这种东西。但是，他还是尝试去填。

第一个手提包上面有普拉达（Prada）的标志，他记得曾经听人说过这是一个昂贵的意大利品牌，于是他写了700美元。另一个包袋口有古驰（Gucci）标志，所以他写了650美元。

然后他看到了第三个包。这个包是金黄色的，貌似是某种织物做成的，但上面没有任何商标，看上去和在海滩边的小商店里买来装杂七杂八东西的便宜包没什么区别。马特在照片旁边写了20美元。考虑了一会儿之后，他觉得这个价格高了，于是划掉了这个数，改成了15美元。然后他将目光移向下一个手提包。

　　在工业革命以前，绝大多数的东西都是手工做的。人们在家中将棉花和亚麻纺成线后，再织成布。考虑到金属部件不太好加工，此前出现的机器通常都使用木制零件，工作全靠手工完成，难度大而且很耗力气。

　　随着机械工具、蒸汽机以及其他技术的发展，逐渐出现了一些变化。飞梭、珍妮纺纱机以及其他工具的出现，使得织布工作从家中挪到了更大、更专业化的织布工厂中，轧棉机的出现，使得原来需要一年的工作现在只要一周就可以完成。企业家们开始培养发明家以创造新的效率更高的机器。

　　伴随着这些技术方面的变化，也产生了一种新的社会阶层。不仅生活水平提高了，社会流动性也增加了。在此之前，人们的社会地位相对比较稳定，因为财富都是世袭的，爵位是一代代传下来的，社会等级也就随之确定了下来。一个人之所以会成为地主，是因为他的父亲以及父亲的父亲都是地主。有人拥有土地，有人在土地上劳作，这两种人之间的分界线也很难被打破。

但工业革命改变了这种现象。以前是有没有某种财产决定了你有没有钱，而现在的钱是人们可以挣来的。而且，现在不需要一定拥有土地才能挣钱，凭借智慧、勇气，外加一点运气，一个人能够在短时间内赚到一大笔钱。此前那种财富与社会阶层之间的联系从此被割裂了，社会中出现了暴发户。

暴发户是在这种变化中涌现出来的一个新的社会阶层。他们的财富不是从先辈那里继承下来的，而是自己创造的。他们出身社会底层，凭借自己创造的财富可以买到昂贵的物品和优质的服务，而过去这些只有上层人士才能得到。

但只是这些还不够，暴发户们想要的不只是财富，他们还想要与这种财富相匹配的社会地位。财富是私有的，只有你（或许还有你的配偶）知道你的银行账户上有多少钱，但地位却是社会给予的，取决于别人如何看待你，你能否得到同伴的尊重。

因此，暴发户们开始进行"炫耀性"消费。他们并不仅仅购买昂贵的食物、高端餐具或者其他私人物品，而且通过购买消费品来向其他所有人炫耀自己的财富。因此，购买产品和服务不仅仅是为了满足其个人需求，同时也是获取社会地位和特权的一种方式。

* * * * * *

能被人看到的信号很容易被识别。购买价值一万美元的牙膏能说明你一定很有钱，但几乎不会有人知道你做过这样的事情。但是，买车和买衣服这种消费行为更容易被人看到，因此也变成了更常见的沟通载体。

凭借肉眼可见的商标和图案，品牌的出现进一步推动了这一进程。身穿一侧带有对号图案的昂贵运动鞋，或者穿件带有"巴宝莉"（Burberry）图案的昂贵夹克，会让其他人更容易将这种产品当作身份信号。

人们可能会认为，越廉价的东西上面显眼的标志越少。人们当然希望别人知道自己从巴宝莉买了某样东西，却不愿意四处宣传自己从沃尔玛（Walmart）买了什么。这种观点认为，价格和品牌知名度正相关。东西越便宜，上面的品牌标志应该越小（如果有的话）；东西越贵，品牌标志应该越大、越显眼。

但在对数百种产品进行分析之后，摩根·沃德（Morgan Ward）教授和我却发现了一个不一样的规律。我们选择了两种时尚用品——手提包和太阳镜，并对数百种样品进行了编号，以便观察产品价格以及上面是否有品牌名或者商标。

研究发现，便宜的商品上几乎都不标明品牌。例如价位低于50美元的太阳镜，10个中只有2个上面有品牌名或商标。随着价格的提高，品牌开始越来越显眼。在100美元到300美元价位的太阳镜中，10个里面几乎有9个上面有品牌标志。但随着价位进一步升高，品牌又变得不再那么显眼了。价格超过500美元的太阳镜中，10个中只有3个带有品牌名或商标。

由此可见，价格与品牌标志之间不是正相关的关系，更像是一种倒U形的关系。

没有商标的话，旁观者自然就很难识别物品及其价格。当我们让马特这样的人猜测不同手提包的价格时，有没有商标或其他可见的品牌名可能会带来完全不同的调查结果。无论产品上的商标是不是很大，旁观者们都能猜测这件物品值多少钱。他们的价格猜测不一定非常准确，但却可以区分贵的商品和便宜的商品。他们能够看出古驰包比盖璞（GAP）包贵。

但如果没有商标的话，这些人就完全没有概念了。他们无法看

出价值2000美元的包与价值20美元的包有什么区别。㉕

如果人们很在乎炫耀性消费的话，为何有人会花数千美元购买一件在大多数人看来应该很便宜的产品呢？

也许有人会说，人们之所以购买昂贵的品牌是因为它们的质量更好，但这无法解释奢侈品牌与不太显眼的品牌之间的价格溢价。比如，梅赛德斯（Mercedes）车价越高，发动机盖上的车标就越小，价格每提高5000美元，车标大小就缩水1厘米。古驰包和路易威登（Louis Vuitton）鞋同样如此。奢侈品的商标越不显眼，价格反而越贵，越是无声的身份信号反而价格越高。

难道是因为富人不喜欢商标吗？

* * * * * *

某些产品希望变得众所周知而极力鼓吹自己的品牌，另一些产品的身份信号则不那么起眼。比如，克里斯提·鲁布托（Christian Louboutin）品牌的所有鞋子都是红底的，科顿·杜河（Coton Doux）的衬衫通常在领子周围或袖口下面都会有一个特别的图案，

㉕ 其他商品中同样存在这种现象。胸前印有阿玛尼休闲（Armani Exchange）或阿贝克隆比＆费奇（Abercrombie & Fitch）的T恤很容易被人认出来。即使T恤上的品牌标志不是那么明显（比如上面有一个小小的"A|X"商标），被人们成功识别的概率仍会在75%左右。但没有品牌的T恤就很难被人认出来了，只有6%的人能够正确地猜出衣服品牌。

某个皮革品牌在自己生产的很多手提包、手袋和钱包上都采用了某种特殊的交叉皮革设计。

比较显眼的品牌名和商标能够将其中的含义传达给更广泛的人群（因为人们很容易看到并将其识别出来），而微妙的信号传递可能会被忽略。绝大多数人并不会注意其他品牌的鞋底是什么颜色，这些不太明显的细节可能会被人忽视。大多数人也无法破解这种"狗哨式"时尚的含义。⑳

虽然表面上看起来，无法广泛传递信号是一种缺陷，但却能带来隐性的利益。强信号更容易被人识别，同时也就意味着被局外人模仿和入侵的概率更高。

如果你的手提包让人一眼就能看出是路易威登出品，别人一定会认为你很有钱。但正因为这种手提包如此好认，没钱却要装作很富有的人复制这种强烈信号的可能性也就越高。

你觉得哪种产品易被仿冒？去纽约市坚尼街（Canal Street）㉗看看或者浏览一下专做冒牌货生意的网站，你会发现并非所有的手

---

⑳ 狗哨是澳大利亚牧羊人呼唤牧羊犬时使用的一种高频口哨，其声音人听不到，只有牧羊犬能够听到。有时用于指以微妙的方式处理容易引起争议的问题。——译者注

㉗ 坚尼街是纽约市的一条重要街道，向西穿过曼哈顿下城，经荷兰隧道可达新泽西州，向东经曼哈顿大桥通往布鲁克林。这条街上广泛销售仿冒品，虽然常有警察来管制。——译者注

提包都会被仿冒。品牌信号越强烈的手提包被人仿冒的概率越高。包上的商标越大、越显眼，被盗版的概率也就越高，这是因为冒牌货的买主们想要的正是这种身份信号。他们在乎的不是质量，而是这种包所传达出的身份特征。

因此，局内人或者对于某个领域非常了解的人，他们喜欢更微妙的信号。这种信号的识别度没有那么高，但却有助于将内行与跟风者区别开来。如果装富的人都开始购买满是路易威登商标的手提包的话，这种包也就不再是财富的象征了。真正的有钱人可能早已转而选择更低调的身份标志，而这种标志只有内行人才能看懂。

虽然绝大多数人都无法认出这种标志，但这些微妙的信号是和内行人沟通交流的隐蔽通信系统。很多人不认识葆蝶家（Bottega Veneta）的品牌图案，但时尚专家具有这方面的专业知识，他们能够识别出这种低调的品牌标志。

实际上，当我们让时尚专业的学生来猜测手提包价格时，他们不会遇到马特那样的困难。这些学生不仅能够精确地猜出带商标的手提包的价格，而且还能辨识出那些商标不太明显的包。即使商标并不大，他们也能够将贵包和便宜包区分开。

劳力士（Rolex）表是人们广泛接受的一种地位象征。正因如此，真正的手表迷通常会喜欢更低调、更神秘的手表。绝大多数人都不认识江诗丹顿（Vacheron Constantin）手表，但手表爱好者们能够发现这种信号并投来羡慕的眼光。

你还记得那个品相平常的在马特眼中只值15美元的手提包吗？实际上这是一款葆蝶家手提包，价值6000美元。虽然绝大多数的普通人不认识这种低调的品牌信号，但真正的时尚人士一眼就能看出这款包的品牌。

这让我们意识到了仿冒行为会带来的好处。

为何路易威登应当鼓励仿冒行为

如果你从未见过路易威登垃圾袋的话，你可真是赚大了。

这里说的不是路易威登推出的"垃圾袋"包（Raindrop Besace，价值1960美元，带防雨功能，使用的材料看上去和做垃圾袋的材料没什么区别）。这里说的是真正的垃圾袋，用来扔垃圾的垃圾袋！

你可以看到，这种棕色的袋子上面满是LV著名的金色四叶花图案，对于任何喜欢精致生活的人来说，这个袋子太完美了。对于认为自己家的垃圾比别人家都好的人来说亦是如此。

但在思考世界到底怎么了之前，请再仔细看一下。看到了吗？这个垃圾袋上没有构成路易威登品牌图案标准组成部分的、独一无二的"LV"首字母。仔细看一下，你会发现垃圾袋上的首字母实际上是"VO"。

这种垃圾袋根本不是路易威登的产品，而是冒牌货。

* * * * * *

全世界有近10%的生意是销售仿冒品，从路易威登到乐高，从劳力士到雷朋。每年有近5000亿美元本应流入主流公司和畅销品牌，但最终却落入了犯罪分子之手，这比挪威、波兰或比利时的年生产总值都高，仅美国企业每年的打假成本就总计超过2000亿美元。20世纪90年代后期，芝宝（Zippo）打火机公司有1/3的销售收入落入了仿冒者手中。

并不仅仅是销售收入方面的损失，由于消费者们使用假冒产品遇到的质量问题，也影响了品牌声誉。而且由于仿冒品激增，专卖权也受到了影响。由于有了更便宜的选择，部分消费者们因此不愿意全价购买某品牌的合法产品。

去世界各地任何一个主要的码头看看，你就能知道这个问题有多严重。标着"家居及花园装饰品"的集装箱里塞了数千个仿冒包；本应装有建筑材料的集装箱里却出现了一箱又一箱的假冒运动鞋。

互联网让仿冒品的销售更加便利。现在仿冒厂家直接将产品卖给消费者，海关人员尝试关闭那些为这种交易提供便利的网站，但很快就会出现新的网站，而且这还不是持续一时的小生意。2008年进行的一项研究发现，某大型全球购物网站上销售的几乎所有路易威登包和迪奥香水都是假的。有些产品看起来像是蒂芙尼公司生产的，实际上10件中有8件是假货。这是一片非法假冒伪劣商品的海洋。

时尚品公司自然会努力阻止仿冒者的行为。路易威登等一些品牌尝试为自己的设计注册商标，就像为经典的"LV"图案注册商标一样。另一些公司则开发了更难以模仿的产品。杜嘉班纳（Dolce & Gabbana）公司采用了一套复杂的防假冒伪劣系统，包括正品认证证书、热成像全息图以及对紫外线会有反应的线条组成的安全图章。

当其他所有方式都无效时，时尚品公司会采取法律行动，对造假者以及销售假货的零售商和网站进行追查。仅在2004年，路威酩轩集团（LVMH）就在打击黑市方面花费了2000万美元，在全世界范围内采取的突击搜查次数超过6000次，法律行动超过8000次。

总之，时尚品牌为了防止被盗版采取了很多措施，因为他们认为这影响了他们的生意。

但仿冒行为的存在有没有可能实际上是件好事呢？仿冒品的存在有没有可能实际上给各大品牌反而带来了好处呢？

有两位法律学教授对此进行了研究，他们发现，答案是肯定的，尽管看上去有违直觉。这其中的原因还是在于身份信号。

所有人都在乎自己的衣着传递了有关自己的何种信息，讲究时尚的人更是如此。他们努力追赶时尚，不愿意穿过时的衣服。

但如果代表时尚信号的价值从未发生改变的话，人们就没必要购买任何新品了。人们可以年复一年地穿一双UGG靴子或者戴同一条细窄领带。如果这些物品一直是"酷"的代名词的话，人们就没有理由换掉它们，而是会一直使用这些物品，直至将其穿坏。

这样的话，绝大多数的消费者们会很开心，但零售商和生产商们却会陷入困境，因为他们的销售收入会下降，工人们也会面临失业。

让仿冒者们来改变这一切吧。

通过生产和销售假冒商品，盗版行为加快了时尚品的过时速度。虽然假冒伪劣产品会玷污正品的名声，但仿冒行为扩大了时尚品的使用人群，使某种风格或品牌所传达的含义发生了变化。如果任何人都能买到看上去很像路易威登的当季手提包的话，这种包所蕴含的意味也就受到了破坏。折扣价的存在使得越来越多的人开始用这种包，这种包就不再是独一无二或潮人专属的象征了。恰恰相反，这种包变成了大众化或跟风者的象征。结果，真正的时尚达人会转而购买另一种新品。

语言同样如此。最早是十几岁的年轻人开始使用"yolo"[28]或"dip"（离开）这样的新词，后来他们的父母也开始用这种说法让自己显得很酷或很时髦。但局外人的进入改变了其含义，原本象征"酷"的东西现在变成了"刻意"的象征。结果，十几岁的年轻人开始放弃这种说法。等到他们的奶奶都开始说自己要"dip out"（离

---

[28] yolo，美语新词，是"you only live once"的首字母缩略词，意为你只能活一次，是坏孩子做坏事前的宣言。——译者注

开）感恩节餐桌时，所有人都会选择放弃这种说法。

企业们希望让人觉得自己一直走在行业前端，因此他们会独家采用"六西格玛"（Six Sigma）和"全面质量管理"（Total Quality Management）等管理方式。大型公司或成功企业会催生模仿者，因此小企业们会模仿"创新型"企业的所作所为。一旦模仿者们数量足够多，原本作为行业先驱象征的这些管理方法也就失去了其价值所在，于是，想脱颖而出的公司必须继续努力。

因此，身份信号会让事物流行开来，也会让事物日渐消失。先是一小撮人使用某种说法或者采用某种管理方式。如果人们觉得这些先行者们很酷、很有创新意识、令人满意的话，其他人就会模仿其行为，以传递同样的身份信号。随着越来越多人的涌入，这种说法、管理方式，以及其他极富文化内涵的词汇开始变得越来越流行。

后来这些人涌入之后，其传递的含义也就开始发生变化。过去这是一种很酷、很有创新精神的象征，现在则发生了变化，开始传递其他含义。最早使用的人不愿意传递这种身份信号，结果却只会加速信号含义的变化。最终，后来加入使用的那些人也都放弃之后，一度受人欢迎的事物就变得不再受欢迎。

时尚潮流经常会循环出现，但仿冒行为的存在有助于加快这一进程。仿冒行为保证了时尚用品的普及，进而促进其消亡。正因如此，盗版行为才能让消费者哄抢新品，正如莎士比亚所说，"服装过时的多，穿破的少"。

让社会影响发挥作用

出于对身份信号的担心，少数族群的学生不愿意取得好成绩，病人们不愿意接受治疗，这种现象令人沮丧。好在如果能够正确运用身份信号这种理念的话，同样能够激励人们做出好的决定。

公益广告通常关注的是传达信息，健康领域的广告尤其如此。禁烟广告会说吸烟有害健康，禁毒广告会鼓励父母"和自己的孩子谈谈吸毒的危害"。这些广告背后的理念是，提供信息能够改变人们的思想，即将吸烟、吸毒和不健康饮食的负面结果告诉人们之后，能帮助人们清醒过来做出正确的选择。

遗憾的是，"提供的信息越多，人们做出的决定越正确"，这种情况并不总会发生。抽烟的年轻人知道其危害，但仍然会继续抽；小孩知道糖果和薯条对身体不好，但并不会改变自己的行为。

但是，如果能够将想要的行为与有理想的群体或者某种人人都想要的身份联系在一起的话，通常会取得更好的效果。大力水手总吃菠菜，所以才变得身强力壮，人们认为这种联系让美国的菠菜消费量提高了1/3。广告商们很久以前就认识到了这点，所以才将迈克尔·乔丹（Michael Jordan）等明星与各种各样的物品联系在一起，从运动鞋到食品，再到软饮料。想和乔丹一样成功吗？那就选用这种产品吧。如果自己的偶像做某件事情的话，人们也愿意做相同的事情。㉙

利用人们都不想要的身份同样有效。酗酒是大学校园中的一个大问题，很多学生过量饮酒，导致各种事故，引发各种健康问题。

为了解决该问题，行为科学家琳赛·兰德（Lindsay Rand）和我尝试改变学生心中与饮酒联系在一起的形象。我们在大学宿舍中张贴印有手中拿着酒瓶的讨厌鬼形象（由邋遢醉酒的形象和《盖里

㉙ 孩子们可能并未意识到，神奇女侠（Wonder Woman）的力量来自菜花，他们模仿的体育明星喜欢吃甜菜根。将这些信息告诉孩子的话，孩子们会吃更多的蔬菜和健康的食物。曾经有一对父母告诉自己的两个孩子，西蓝花长得像恐龙树一样，乞了西蓝花之后，孩子们就可以假扮成长脖子的恐龙。两个孩子都喜欢恐龙，他们觉得这件事很酷，于是告诉了自己的朋友，很快整个幼儿园里的孩子们都喜欢上了西蓝花。参见布莱恩·汪辛克（Brian Wansink）的大作《瞎吃：最好的节食就是你根本不知道自己在节食》（纽约：班坦图书公司，2007 年）。

甘的岛》（*Gilligan's Island*）中船长的形象混合而成）的海报。海报提醒学生，"喝酒前请三思，没有人愿意变成这样的家伙"。通过在酗酒和所有学生都讨厌的形象之间建立联系，我们希望以此改变学生的行为方式。

结果确实有效。没有参与试验的其他学生看到的海报是传统的基于信息的禁酒呼吁（比如，每年有1700名大学生死于饮酒造成的事故，因此，"喝酒前要三思，健康更重要"）。与这些学生相比，看到将酗酒行为与某种大家讨厌的身份联系在一起的海报的那些大学生的饮酒量有效地减少了50%。

我们同样运用这种理念改善人们的饮食健康状况。我们走到附近一家餐馆的顾客身边，提醒他们，某些难看体型的人通常会吃很多垃圾食品。在将垃圾食品与人们不想传达出的身份信号联系在一起之后，人们会选择更健康的沙拉而不是油腻的汉堡。因此，我们可以通过改变身份信号帮助人们改善健康状况。

* * * * * *

基于身份的类似干预能够在多种环境下带来好处。谈及"模仿白人"的负面影响时，奥巴马总统说，美国需要"破除'捧着书本读书的黑人少年是在模仿白人'这种谣言"。

但打破思维定式不仅需要改变人们的说法，还要改变与学习成绩联系在一起的身份形象。

在非裔美国学生占多数的学校中，学习成绩与社会地位之间的负相关关系自然更弱一些。因为在这种学校中，表现最好的学生也是黑人，可以淡化学习好就是在模仿白人的理念。看到一个又一个黑人学生的学习成绩非常好，很难让人觉得学习好是白人才会干的事。

通过精心设计和改造也能改变这些信号。对于女性和科学、技术、工程以及数学领域的关系问题，可能只需要稍微改变一下环境即可。如果用大众杂志、植物或其他中性用品来装饰计算机专业课教室的话（而不是用《星球大战》的海报和科幻小说等属于男性的典型事物），或者如果跟女性沟通交流的计算机科学专业的学生穿的是普通衣服的话（而不是一件写着"我编程故我在"标语的T恤），女性对于选择计算机课程的兴趣会提高很多，因为中性环境或者非典型性交流同伴能够增强女性的归属感，让她们感觉自己能够融入其中。那么，将大家的关注点引入到学习成绩很好的少数族群学生身上，尤其是大家眼中很受欢迎的那些人身上的话，对于种族差别应该能起到类似的效果，因为与某种行为或动作联系在一起的身份形象，通常与这种行为或动作的"实用"价值同等重要。

　　为了普及健康风险的理念，传递一些不好的信号尤其重要。人们觉得自己患病的可能性越高，进行检查和改变自身行为的可能性就越大。但是，如果在可能得病的行为方式列表中增加一条涉及歧视的原因（比如没有保护的性行为），反而会起到相反的作用，因为这会让人们觉得自己不太可能感染某种疾病，从而降低了人们去检查的概率。与只告诉人们有三种不受歧视的原因会造成感染某种疾病（比如在人群密集的场所逗留）相比，在患病途径中多加一条涉及歧视的患病原因，反而会让人们觉得自己患病的概率降低60%。由此可见，本来增加一种患病原因会提高患病概率（因为患病途径增加了），但由于新加的这种方式带有歧视意味，会让人们在承认这种患病风险的同时出现不舒服的感觉。

＊　＊　＊　＊　＊　＊

　　更概括地说，为了确保某种事物的普及和持续流行，一大关键就是要保持正确的身份信号。如果人们是因为某项公共事业或某个产品所传递的信号而提供支持或进行购买的话，随着更多的人跟风，支持率和销售额会迅猛增长。

　　但事物没落的速度可能会同样如此之快。今天流行的事物可能明天就会过时，因为人们会转而关注下一个热门话题或产品。

英国奢侈品牌巴宝莉就面临这样的问题。虽然该品牌在上了年纪的、喜欢高尔夫的企业主管中具有很强的根基，但到了21世纪初，该品牌的含义已经发生了变化。巴宝莉独特的驼色格子图案已经变成了"品位低俗者统一的制服"。出租车司机经常拒载戴着巴宝莉棒球帽的男士。肥皂剧中吸毒的女性抱着自己的女儿外出时，她和孩子从头到脚甚至包括童车都是这种驼色格纹。巴宝莉原来的顾客们开始纷纷转向其他品牌。

为了重新恢复品牌吸引力，新任的巴宝莉首席执行官安吉拉·阿伦茨（Angela Ahrendts）不仅要打击仿冒者，同时还将这种格纹设计得更加低调。阿伦茨在90%的产品线上去掉了这种标志性的格子图案，即便偶尔出现这种图案，也是放在衣服里面而不是外面。

这一策略非常有效，公司利润因此飞速增长，该品牌又夺回了其在时尚界的身份地位。巴宝莉让自己的品牌标志不再那么显眼，反而保住了其作为高品质象征的地位，同时还甩掉了那些只是为了品牌象征意义才选择购买的跟风者。

让事物普及和持续流行的另一种方法是提供多种产品线。很多家庭都有一辆丰田凯美瑞（Toyota Camry），因为这款车安全、可靠。但开这种车的家庭可能会让其他消费者转而选择其他品牌。如果你的职位刚刚有了大幅提升，想向人们展示一下自己的成绩，购买这样一款象征郊区老爸身份的汽车就不太合适了。

丰田为此设立了雷克萨斯（Lexus）这个品牌。该品牌给人一种更奢华的感觉，提供更高端的汽车，价格也更高一些。这么做的部分目的是为了吸引那些想买一款比凯美瑞更贵的汽车的消费者，还有一部分原因在于其身份象征意义。买了雷克萨斯车之后，那些曾经开过凯美瑞车的人能够将自己与开凯美瑞车的那些家庭区别开来，丰田通过这种方式实现了品牌的内部升级。

赛恩（Scion）是丰田以类似方式设立的另一品牌，为了迎合那些喜欢个性化汽车的年轻消费者。该品牌生产的汽车各不相同，品牌的象征意义也完全不同，开赛恩车给人的感觉与开丰田车是不同的。这种多个子品牌划分的做法，使得丰田能够为不同的消费群体提供他们想要的、彼此完全不同的身份信号，借此留住这些客户。

我们还可以通过唤起更广泛的认同感来掌控身份象征意义。对于偏自由主义的社会公共事业，共和党人表示支持时总会小心翼翼；对于偏保守主义的公共事业，民主党人同样会持谨慎的态度。但是，将某些问题包装成人权问题有助于跨越政党界线。人们对这种地位更高的或者说更高级的身份更买账，并且由于它能引起更广泛的认同感，人们选择回避的可能性更低。

＊　＊　＊　＊　＊　＊

目前为止，我们已经讨论了社会影响对我们的行为产生作用的两种方式：模仿和差异化。人们可能会模仿他人做同样的事，也可能会与他人做不同的事，但还有第三种选择，那就是既模仿他人又与他人有差异。

Similar but
Different

04
相似但却不同

　　预测"年度色彩"……为何飓风会影响给孩子取名字……相似性如何造就成功……如何通过中国汉字预测接下来什么会流行成风……因为熟悉所以喜欢，道理何在……性、公鸡和柯立芝……金发女孩效应……既熟悉又新鲜……恰到好处的差异化……用假马头推广汽车……

* * * * * *

每隔两年，各国人们都会在欧洲的某个地方秘密集会。各国代表聚集在位于秘密地点的稀疏房间中，经过几天的讨论后对某个问题达成一致。人们各抒己见，各有各的立场，争得面红耳赤。

这不是什么核安全峰会，也不是什么八国峰会，而是一场在有些人看来可能对我们的日常生活影响更大的集会。这场集会的目的是要确定当年的"年度色彩"。

* * * * * *

从1999年起，有关颜色的预测者们就开始以开会的形式选定一种颜色，在接下来的12个月中这种颜色将成为主流色彩。

2014年，"年度色彩"的代码是18-3224，也就是所谓的兰花紫（Radiant Orchid）。这种充满活力的紫色略带粉色，被认为可以"增强人们的创造力"。

2013年的"年度色彩"是祖母绿，这种翠绿的颜色代表着健康、平衡以及和谐。此前几年的"年度色彩"已经有了一定的先兆，比如松石绿、忍冬花和探戈橘。

彩通（PANTONE）是一家跨行业色彩公司，也是"年度色彩"会议的召集者。彩通提供了数千种颜色的标准参考色。每次开会前，彩通会对全世界的制造商、零售商和设计公司进行调查，研究他们下一年计划使用哪种主打颜色，并研究人们周围看到的都是什么颜色，然后由各参会者对调查结果进行分类、过滤和充分讨论，结果汇总在《潘通展望》（*Pantoneview*）中。这本刊物价值750美元，上至盖璞（GAP）和雅诗兰黛（Estee Lauder），下至包装设计师和鲜花产业都会购买该刊物。⑩

公司都希望自己能破解来年流行色的密码。接下来到底喇叭裤还是修身牛仔裤会流行，人们愿意购买郁金香还是玫瑰花，预测这些已经足够困难了，预测流行色会让事情变得更加复杂。消费者们喜欢紫色郁金香还是红色郁金香？灰色牛仔裤会畅销还是黑色牛仔裤更保险一点？

选对颜色很重要。产品生产有较长的交货期，产品颜色需要提

---

⑩ 正确选择产品颜色涉及一点博弈理论。绝大多数公司都希望跟住潮流、不要落伍，但每家公司的产品决定不仅要反映潮流需求，同时还能够影响潮流。他们生产什么决定了消费者购买什么，进而影响了什么会流行开来。而且人多势众，如果某个年份中业内很多公司都主推同样几种颜色的话，这些颜色流行开来的可能性就更高，销售额也会很高。因此，彩通公司有关颜色的预测也是一种很有价值的协调机制。通过使用同一信息来源，这些公司能够确保自己不至于选错颜色，不至于在别人都选择橙色时自己却选择了石灰绿。
但我们同时也无法确定，彩通公司的预测只是反映了当前已经发生的现实情况，还是说同样会影响接下来的流行色。彩通公司或许能够提前探测到未来会发生什么，或许它只是提供了足够多的刺激来引领潮流。

前几个月确定下来。农民需要种植合适的作物，工厂需要订购正确的丝线。没有人愿意在季末打折时处理成堆的库存。

虽然选对颜色至关重要，但任何一家公司或设计师都很难猜准哪种颜色会流行开来。各个行业都只掌握有限的信息，只能看到一小部分国家中人们会在一小部分产品中选择购买哪种颜色的产品。

因此，公司们希望彩通公司能够帮他们做出更聪明的预测。彩通在全球范围内广泛收集数据，给出一个较为集中的、不带任何偏见的（希望如此）见解，让这些公司从更宽广的视角上看到当前的情况以及未来可能出现的情况，从而预测未来哪种颜色可能会流行开来。

但是，如果你研究一下多年来的"年度色彩"的话，就会发现一个很有意思的规律。2012年的代表色是探戈橘，看上去与此前某年的代表色橘红色惊人地相似，2010年的代表色松石绿与若干年前的代表色绿松石蓝简直一模一样。

文化演进是否存在某种同样的方式？当今流行的事物是否会影响未来流行的事物呢？

预测下一个大热门

各行各业中都有热门事物。有的电影则上映就轰动全球，有的企业甫一出现就盛极一时，有的唱片一夜之间便可登上热门歌曲排行榜。比如，《五十度灰》（*Fifty Shades of Grey*）三部曲的销量竟然超过1.25亿册；希腊酸奶此前默默无闻，却突然成为全美最热门的食品。

毫无疑问，公司、消费者和文化评论家都对预测文化潮流有着极高的兴趣。一本新书会轰动一时还是会彻彻底底地失败？某项公共政策倡议会受到热烈欢迎还是会很快宣告失败？成功的预测会带来很高的回报。

为了在竞争中脱颖而出，一些公司会通过复杂的模型预测某种产品或某首歌能否得到足够的关注。所谓的流行预测者就是要预测未来会发生什么事。

但预测未来如此之难，正如J. K. 罗琳的故事一样，即使所谓的"专家"在事物流行开来之前也很难识别这些热门事物。有一位

"未来学家"成功预见到有机食物运动的同时，另外15个人都在预言"机械化拥抱亭"的未来发展趋势。

正如某音乐方面的研究所示，人们会跟风，这让成功变得更加无法预测。预测某首歌、某种事物或某种颜色会有多流行，看上去几乎是不可能的事情。为何有些事物能够成功，另一些事物则会失败？这看上去完全是随机的。

但随机性会有多高呢？

为此，沃顿商学院的埃里克·布拉德洛（Eric Bradlow）教授、统计学家阿莱克斯·布朗斯坦（Alex Braunstein）、姚章（Yao Zhang）和我决定对某个大家都了解的领域进行研究，那就是名字。

* * * * * *

塞萨尔（Cesar）一直祈祷自己能有个儿子，有时一天会祈祷两次。他和妻子丽贝卡（Rebecca）已经有了一对4岁的双胞胎女儿，家中的女性已经够多了。当然，两个女儿在参加芭蕾舞课之余也会踢足球，但如果家中再多一个男孩就更好了。

他想方设法想要一个男孩。他将婴儿房换成蓝色，改穿四角内裤而不穿三角内裤。

他还听从了各种各样的伪科学建议，如提高咖啡的摄入量，鼓励丽贝卡吃红肉、鱼和通心粉等"生男孩"的食物。他查了中国清宫表以决定受孕日期，并且让丽贝卡喝止咳化痰糖浆（不要问我为什么），他甚至咨询过巫师。

成功怀孕后的前四个半月是非常痛苦的，最终他们迎来了超声波检测。夫妻二人双眼紧盯超声波图像，寻找胎儿性别的痕迹。

最后，医生说出了塞萨尔一直期盼的字眼，应该是个"男孩"。

塞萨尔和家中的女人们都欣喜若狂，家中终于要多一位男性了。之后夫妻二人又面临一个困难的决定：应该给他取什么名呢？

丽贝卡列出了一长串名字：艾利、朱利安、迈克尔、杰森、丹尼尔、利亚姆、加万、詹姆斯、霍尔登和塔克。

丽贝卡第一次怀孕之前，她在一家学校教书，因此，她列出的每个名字都有一定的特殊含义，而且有些名字坚决不能用。加布里埃尔这个名字挺好听的，但她教过的最差劲的学生就是这个名字，所以不能用；霍尔登这个名字挺好的，但过去几年学校中有太多孩子叫这个名字，所以也不能用。

孩子的名字还要契合自己两个姐姐的名字：帕克和爱丽。要给人一种类似的感觉，音节数差异不大，听上去比较新颖，不那么传统。

每次他们觉得找到合适的名字时，都会遭到亲朋好友的反对。"'迈克尔'听上去没什么新意。"丽贝卡的妈妈抱怨说。"'利亚姆'听上去太新潮了。"一位亲戚抱怨道。此后，他们就不再将有关孩子名字的想法告诉其他人了。

2006年初，基根（Keegan）呱呱落地。

* * * * * *

和其他单词一样，人名也能够被划分成若干个最基本的发音单位，也就是音素。每个音素都代表语言中某个特殊的发音单位。以Jake（杰克）这个人名为例。开头音素是"j"[joy（喜悦）和jam（拥堵）这两个单词也是这样]，接下来是一个"a"音节[和汉语拼音中的"ei"类似，lay（放下）和make（做）中也有这个音]。

音素可能看上去和英文字母很像，但二者之间却有重大差别。英语中只有26个字母，但音素却超过40个，部分原因在于同样的字母在不同单词中的发音是不同的。

试着多说几次cat（猫）和laugh（笑）这样的单词。在这两个单词中，字母"a"发"啊"（ahh）的音。

现在说Jake（杰克）和maid（女仆）这样的单词。同样是字母"a"，但发音更像汉语拼音中的"ei"。

字母"e"同样有这种情况。在end（结尾）和friend（朋友）等单词中，字母"e"发"eh"（哎）的音，而在be(是)和key(钥匙)等单词中则发"ee"(一)的音。在人名Jake（杰克）中，字母"e"不发音。

有时不同的字母会发同样的音。在kit（工具包）和rack（架子）中，字母"k"发"科"音，而在cat（猫）和car（汽车）等单词中，字母"c"同样发这个音。如果将cat（猫）中的字母"c"换成"k"的话[也就是变成"Kit Kat（奇巧）"中的"kat"]，两个单词的发音基本相同。

Keegan（基根）这个名字有6个字母，但却只有5个音素。开头是一个强元音"k"[和kick（踢）以及kaleidoscope（万花筒）一样]，然后是一个"依/e/"音[和feet（脚）以及leech（水蛭）中的"ee"发音一样]，再是一个"哥/g/"音[和gas（煤气）以及grill（烧烤）中一样]和一个"爱/a/"音[和fat（胖）以及hat（帽子）中的"爱ah"音一样]，最后是"恩/n/"音[和Nancy（南希）这个人名以及nice（很好）一样]。

* * * * * *

对于丽贝卡和塞萨尔来说，基根这个名字堪称完美，满足了他们所有的要求。这个名字听上去很有力又不是特别长；足够现代化，但又不特别明显；跟丽贝卡的婚前姓很接近，足以传承家族谱系。

但当基根上幼儿园时，老师却发现了一些非同寻常的问题。班上并没有同样叫基根的孩子，但却有很多孩子的名字发音很接近。班级名单上有基根（Keegan）、凯文（Kevin）、金贝利（Kimberly）、基利（Keely）、卡尔松（Carson）和卡门（Carmen）。在20名孩子中，有6个孩子的名字是以字母"K"开头的或者是以强辅音"K"开头的。为何这么多孩子的名字读音如此类似呢？

最终发现，答案在于飓风卡特里娜（Hurricane Katrina）。

* * * * * *

名字是什么？从艾米丽（Emily）、埃里克（Eric）到爱普（Apple）和布露·艾薇（Blue Ivy），每个人都有名字。名字不仅伴随我们一生，还会影响我们生活的方方面面，从在别人眼中魅力多大到能否接到潜在雇主的回电。

因此，父母会为给孩子起名字绞尽脑汁也就不足为奇了。准父母们会花费许多时间来查阅人名大全书籍、阅读博客，以及研究其他各种可能性。

如此说来，某个名字听上去很顺耳的原因是什么呢？

很明显，名字的相关意义很重要。像丽贝卡一样，她之所以放弃用加布里埃尔这个名字，就是因为这会让她想起某个不喜欢的人；名字所传达的意思对于人们是否选择该名字有着巨大的影响。伊娃（Eva）听上去有点老气，但这个名字好与不好却取决于你的个人偏好。人们不想取名阿道夫（Adolf）的原因众所周知[与阿道夫·希特勒（Adolf Hitler）相关]。

但在分析不同名字的流行度随时间变化的规律时，我们发现了一些很有意思的事情。

在提供社保号的同时，美国社保办事处（U.S. Social Security Administration）记录了父母给孩子取名的情况。在超过125年的时间里，他们记录了每年出生的孩子的名字。1900年、1901年以及1902年出生的孩子中分别有多少取名叫作雅各布（Jacob）、苏珊（Sushan）和凯尔（Kyle）。他们统计的出生人数超过2.8亿人，名字超过7000个。

有些名字会随着时间的推移变得越来越流行[比如卢克（Luke）和米娅（Mia）]，另一些名字则越来越不流行[比如查尔斯

（Charles）和伊丽莎白（Elizabeth）]。有些名字一度很流行[比如葆拉（Paula）和苔丝（Tess）]，但很快就沉寂下去。有些名字的流行度曾经两度达到峰值[比如杰克（Jack）和劳拉（Laura）]，但流行度却是先上升后下降、再上升再下降。

在仔细研究所有数据后，我们发现飓风对孩子的名字是很有影响力的。例如，在2005年飓风卡特里娜（Harricane Kartina）过后，以"K"音开头的名字的使用率上升了近10%（与此前一年相比）。在1992年飓风安德鲁（Hurricane Andrew）过后，以弱元音"ah"开头的名字的使用率提高了7%。也就是说，有数千个孩子之所以被冠以某些名字，原因就在于突如其来的一次强飓风。

表面上看这没什么道理，人们为什么会按照飓风的名字给孩子取名呢？

飓风卡特里娜是美国历史上排名前五的最致命的飓风之一，造成的财产损失超过1000亿美元，1800多人因此而丧生。谁愿意让自己孩子的名字与这样一次致命的自然灾害联系在一起呢？这就像你给自己的儿子取名叫Stalin（斯大林）却不愿意让别人产生任何联想一样。

这种直觉在某种程度上讲是合理的。在飓风卡特里娜过后，"卡特里娜”这个名字本身的流行度下降了近40%，因为听到“卡特里娜”这个名字之后，人们首先想到的就是这场飓风，所以很多人不愿意给自己的孩子取这个名字。㉛

但飓风卡特里娜对于取名的影响并不仅限于此。虽然这场飓风让“卡特里娜”这个名字本身的流行度有所降低，却提高了以同一个音素或者以强辅音“K”开头的人名的流行度。比如，Keely（基利）这个名字的使用率提高了25%，取名叫Kaelyn（凯琳）的孩子增加了55%，并且Kinsey（金赛）、Kate（凯特）、Carmine（卡迈恩）和Cora（科拉）等名字的流行度都有所增加。

这其中的原因就在于“中等相似度”所带来的价值。

* * * * * *

在给孩子起名时，父母们会考虑很多流行度方面的问题。虽然有的父母喜欢比较独特的名字[比如犯罪打击者莫西（Moxie Crimefighter）]，但大多数父母还是希望取一个比较标准的名字，同时要避开太过流行的名字。

㉛ 但在某些情况下，飓风过后其名字的流行度却会有所提高。如果没什么人对这个名字有想法的话，由于该名字耳熟能详，人们对其负面的关注程度反而会提高飓风名字的流行度。此前我和同事所做的有关负面宣传的研究中就出现了这种情况，比如，此前某本书并不知名，负面书评的出现反而会提高这本书的销量。

但除了名字本身之外，其他流行的名字又会产生怎样的影响呢？

如果周围有很多孩子叫基根的话，可能会对是否给自己的孩子选这个名字产生影响。但如果周围的孩子叫Kevin（凯文）和Caleb（凯莱布）的话呢？这些名字都是以强辅音"K"开头的，会影响孩子的父母是否选择管自己的孩子叫基根吗？

结果发现，答案是肯定的。当与某个名字发音很接近的其他名字近期变得很流行时，这个名字同样会流行开来。

如果越来越多的孩子都取名叫Michael（迈克尔）和Madison（麦迪逊）的话，人们给自己的孩子取名叫Morgan（摩根）或Maggie（玛吉）的意愿会更强。如果最近Lexi（莱克茜）和Lance（兰西）很流行的话，人们会更愿意给自己的孩子取名叫Lisa（丽萨）或Lyle（莱尔）。

飓风对于给孩子取名具有类似的影响，因为它会影响我们听到某些名字及读音的频率。

遇到像卡特里娜这样伤害性很大的飓风时，"卡特里娜"这个词会在人们的耳边不断响起：晚间新闻会探讨卡特里娜何时登陆，零售店中的人们会讨论卡特里娜给这个国家造成了多少损失。人们不断地听到这个名字以及这个名字的发音，这种回荡效果会让父母避开卡特里娜这个名字，同时也会让他们给自己的孩子取发音类似的名字。

* * * * * *

很多领域中都存在类似的规律。

有些车看上去跟市场上的其他车相似度更高。例如，大众（Volkswagen）旗下的捷达（Jetta）看上去就和其他很多车非常像。标准的格栅外形，头灯略微有点斜度，人们很容易将其与丰田（Toyota）、日产（Nissan）等车搞混。

另一些车的外形则与其他车有着很大的差别。大众甲壳虫车（Volkswagen Beetle）就很独特，它有着圆圆的眼睛、拱形车顶，进气格栅看上去就像在冲着人微笑。实际上，这款车的底盘和外形普通的大众高尔夫（Volkswagen Golf）是完全相同的，使用的技术也是一样的，只是外形独具一格。

通过这种视觉差异即可预测某些车的销量。无论是经济型轿车还是高档车，即便对价格和广告等因素进行控制，外观更典型、相似度更高的车型销量要更高。

相似度能够提高人们对产品的评价度（进而提高销量），其背后的原因与纯粹接触效应（Mere Exposure）的作用原理完全相同：

在人们眼中出现的次数越多，好感度也就越高；同时对具有类似特征的其他产品的好感度也就越高。

* * * * *

假设有人让你参加这样一个试验，测试人们对从未见过的或者对全新的外形做出判断的速度有多快。

你将看到几幅图片，并且图片出现的速度非常快。每一张图快速闪过之后，你会看到一张黑色、白色和灰色圆点组成的背景图，在下一张图片闪现之前，你可以用眼睛盯着这个背景图看。图片的闪现速度很快，请尽量看清楚。

你看到的第一张图片是下面这个样子的：

影响

这是汉字，而你不懂任何中文，你要做的不是猜测它的意思，而是要回答自己喜不喜欢这张图片。请集中精力关注这些图片对你的视觉吸引力。

以1到100为界，1表示你完全不喜欢这幅图，100表示你非常喜欢这幅图，你会给出什么样的数字评价呢？

每张图出现的时间只有5毫秒，大致也就够蜜蜂挥动一下翅膀的时间，之后就会出现下面的背景图以清空你的视野。

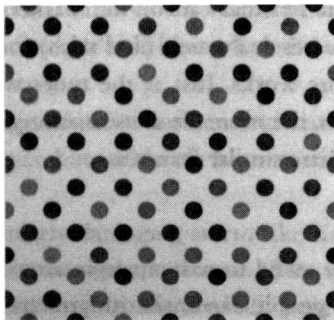

再过一秒钟，你会看到下一张图片。你有多喜欢这幅图呢？

社会

这些图片出现的速度如此之快，以至于你没有办法仔细看图，它们就像抽象的几何图形一样从你眼前闪过。

看过若干张图片之后，就要进行下一阶段的试验了。此时仍会给你看一些图，但这次图片停留的时间稍长一些，有一秒钟左右。

你有多喜欢下面这幅图？

传染

可能你并未意识到，第二阶段的试验中出现的图片是三种形状的混合。其中一些图片是你曾经在第一阶段的试验中看到过的汉字，它们闪现的速度太快了，以至于你意识不到自己曾经看到过，但这些字确实是重复出现的。

另一组图片是新的汉字，它们和第一组图片结构相同，但在第一阶段的试验中你没看过这些汉字。

第三组是随机选取的多边形，如菱形和正方形。

因此，在该试验中，有些图形是老的（此前出现过的汉字），有的是新的，但却很相似（此前没出现过的汉字），有些是新的而且还是完全不同的（多边形）。

科学家在进行类似的试验时发现，接触能增强好感。即使人们并未意识到自己此前见过，这些图形也能够赢得人们的好感，并且与此前从未见过的随机选取的多边形相比，人们更喜欢自己之前见过的那些图形。和整个学期都出现在心理学课堂上的那些女生一样，看到某种东西的机会越多，人们对其喜好的程度也就越高。

更值得一提的是，这种更高的评价度会扩散到从未见过的类似事物上。此前看到过一组汉字，会让人们对其他汉字的喜爱程度提高，即使人们此前并未看到过这些汉字。

而且，并非只有汉字才会出现这种奇怪的情况。如果人们最早看到的是随机多边形的话，也能够得出同样的结论。此前看过一组多边形的话，不仅会让参与试验的人员更喜欢这些多边形，还会让他们对此前未见过的其他多边形的喜爱程度有所增加。

总而言之，看到某种事物的次数越多，对类似事物的喜爱程度也就越高。

* * * * * *

类似的事物看上去或听上去更好一些，部分原因在于人们对其感觉熟悉。如果你之前看到过某种事物，大脑对其进行加工的难度就会降低，大脑不需要做太多的工作就能辨别出这种事物，从而节省了精力，进而会在你的心里产生一种正面的感觉，也就是我们所说的熟悉感。

熟悉感在人类进化方面功不可没。它让孩子与照顾自己的人形成情感纽带，它能引导动物找到安全的食物，并能让夫妻双方克服感情波动及其他矛盾困扰，从而厮守终生。

试想一下，每当自己见到某种事物之后，都必须判断其是否有危险性，是好是坏，是正面的还是负面的，比如每天都要判断待在自己家里的那个人是自己的爱人还是某个劫匪，每时每刻都要判断冰箱中的某种食物到底安全不安全……这样的生活该有多累，且如此没有安全感可言。

如此一来，某些在我们眼中根本算不上决策的简单动作会变得特别劳神，早餐吃玉米片将不再是一种习惯，而是变成了一个生死攸关的选择。

进化过程中，人类和其他动物都产生了这样一种可以减少此类工作的机制。如果我们之前见过某种事物，尤其如果最近刚见过，大脑对该信息的加工会变得更容易。无论是某个人、某种食物，还是某种厨具，大脑无须做太多的工作就能做出判断。

大脑处理过程的简单化会给人一种积极的感觉，这就是熟悉感的温情效应。

非常重要的一点是，这种温情效应不仅会影响此前我们曾经见过的那些事物，还会扩展到那些与我们此前见过或听过的事物具有相似特征的其他事物上。

如果一个人长得和某个你认识的人很像，你会觉得对方很熟悉。如果你最近经常听到卡特里娜这个词，基根这样的名字听上去会变得更好听，仅仅因为它们都是以强辅音"K"开头的。这些事物之所以看上去或听上去很熟悉，原因在于它们与我们此前看过或听过的某些事物具有共同的特征。

　　我们喜欢类似的事物，这有助于我们应对日常生活中无处不在的各种变化。一个人的外表不可能一成不变，食物同样如此。

　　因此，为了让"见过"发生作用，我们必须能够应对这种变化。即使本周我们见过的某个人与我们上个月见过的那个最好的朋友外貌并不完全相同，我们还是能看出两个人很像。

　　从推理学的角度讲，喜欢类似的事物也非常有用。如果你此前几年吃某种浆果都没生病的话，那么吃具有类似外表的其他浆果也基本不会出现问题。如果你此前和某个人打过多次交道，对方给你的感觉都非常友善的话，具有类似外貌特征的那些人可能也会非常友好。因此，喜欢类似的事物为我们提供了一种捷径，让我们的生活变得更加容易。

　　但熟悉感并不是全部。

新的还是旧的

　　民意测评专家时不时就会对美国历任总统的地位排名进行调研。公司或媒体会收集整理历史学家、政治学家和公众意见，以便确定哪位总统对这个国家的贡献最大。正如美国《消费者报告》（*Consumer Reports*）会对汽车座椅进行排名一样，民意测评专家的调研会衡量历届总统的成就和领导才能，以及缺点和过失，从而给出一个最佳总统和最差总统的排行榜。

过去50年中，乔治·华盛顿（George Washington）、托马斯·杰斐逊（Thomas Jefferson）和亚伯拉罕·林肯（Abraham Lincoln）等著名总统一直排名很靠前，以及富兰克林·D. 罗斯福（Franklin D. Roosevelt）、西奥多·罗斯福（Theodore Roosevelt）等，这些总统的成就都很高，对历史发展有重大影响。

约翰·F. 肯尼迪（John F. Kennedy）、罗纳德·里根（Ronald Reagan）和比尔·克林顿（Bill Clinton）的排名通常也不错。这些总统在民意测评中口碑很好，虽然在研究总统的学者中排名没这么高。

通常排名垫底的是沃伦·G. 哈定（Warren G. Harding）和詹姆斯·布坎南（James Buchanan），因为哈定为竞选资助者和盟友谋取政治职位，从中榨取个人利益，而布坎南对奴隶制的蔓延没有做什么应对措施，也没有对日益增强并最终演变成"邦联"（Confederacy）的不稳定因素进行镇压。

　　在最佳总统与最差总统之间，是那些随着时间流逝日渐淡出人们记忆的总统们。人们尚未完全忘掉这些总统，但却不会像林肯一样因丰功伟绩被人铭记，也不会像尼克松（Nixon）那样因丑闻被人们广泛议论。

　　卡尔文·柯立芝（Calvin Coolidge）就是这样一位总统。

　　柯立芝，1872年7月4日出生于美国佛蒙特州普利茅斯诺奇村，是唯一一位在独立日出生的美国总统。他是律师出身，在马萨诸塞州政界奋斗多年后，先成为一名州立法者，然后担任州长。1920年，他当选美国副总统，并于1923年沃伦·G.哈定突然去世后成为美国总统。

　　作为一位众所周知的主张小政府的保守派，柯立芝在哈定丑闻发生后重塑了人们对美国总统的信任。但是，他从来没有像其他总统一样的强大影响力。他沉默寡言，人称"沉默的卡尔"。对于他给美国留下的遗产，有人赞同他减少政府项目，反对者们则认为政府应该在调节和引导经济方面扮演更积极的角色。

　　虽然他在任期内的表现没什么太多值得纪念的，但人们却将"柯立芝"这个名字与人类行为的某一基本面永远地联系在一起。据说这位总统曾和妻子格雷斯一起参观某个政府农场。虽然柯立芝很害羞，但格雷斯却很外向，是白宫很受欢迎的女主人。

到达农场后，两人分别参观了农场设施。格雷斯从公鸡围栏旁经过时，停下来问农场主公鸡的交配频率有多高。"每天交配十几次。"农场主回答道。

"请告知总统先生。"格雷斯要求道。

当天晚些时候，柯立芝独自一人从这些公鸡旁边经过时，得知了公鸡的表现以及自己夫人的评论。

"每次公鸡都是为同一只母鸡服务吗？"总统问农场主。"不，总统先生，每次都是和不同的母鸡。"这位总统独自沉思了一会儿，然后点点头，"请告知我的夫人。"

* * * * * *

俗话说，变化是生活的调味品。如果我们只喜欢自己熟悉的事物，那就没理由不一遍又一遍地重复做同样的事情，每天吃同样的午餐，穿同样的衣服去上班，去同一个地方度假……

决定也因此变得非常容易，因为通常我们无需做任何决定，只是重复之前做过的事情即可。

虽然重复以前的事情会让生活变得很轻松，但明显绝大多数人都讨厌这种枯燥的生活方式。

熟悉感固然很好，但人们同时还会追求新鲜感。人类本身就有寻求刺激的天性——寻求新鲜、独创或此前从未经历过的事物。

每天吃同样的火腿加奶酪三明治会给人很安全和熟悉的感觉，但绝大多数人都会偶尔尝试新花样。

尝试新鲜事物能够让我们获得有用的信息。你可能认为自己最喜欢草莓味的冰激凌，但不尝试其他口味的话，你无法确认这点。

因此，我们偶尔会从临时性的保护壳中探出头来，尝试一些不同的事物。我们会吃巧克力冰激凌、开心果冰激凌，甚至去尝试什锦水果或熏肉口味等一些罕见的冰激凌。

新鲜感有着诸多好处：偶尔尝试点新鲜事物，比如上陶艺课或参观博物馆，能够提高生活的满意度；跟恋人一起尝试新鲜事物能够提高爱情满意度；有新鲜感的新闻稿件更吸引眼球；改变工作环境往往能够提高工作效率。

但是，人们研究新鲜感最常提的就是"柯立芝效应"（Coolidge Effect），该效应因这位总统和他妻子在农场的经历而得名。

任何养过仓鼠的人都可以作证，这种小动物非常喜欢交配。有些仓鼠在4～5周时就开始产仔，一年可以生好几窝。

仓鼠经常会连续交配数次，有些雄鼠会和同一只雌鼠连续交配五次甚至十次。雄鼠会在筋疲力尽、无力继续交配前一直努力交配。最后，雌鼠可能会撩拨雄鼠，但雄鼠已经无能为力。

研究人员想知道的是，追求新鲜感的动机是否足以克服这种外在的疲惫表现。貌似雄鼠已经心满意足，不愿意再继续做什么。此时如果出现另一只雌鼠的话，会出现什么情况呢？

虽然雄鼠看上去已经筋疲力尽，但出现新的潜在性伴侣足以让其重振雄风。此时，雄鼠的性趣被重新点燃了。

人们在很多哺乳动物中发现了同样的规律。老鼠、牛、田鼠等都表现出了同样的性行为。某些雌性动物身上同样有类似的效应，只是没这么强烈而已。就像公鸡一天会和不同的母鸡多次交配一样，对于仓鼠而言，新鲜感是爱情生活的调味剂。

那么，人类究竟喜欢熟悉的事物还是更喜欢新鲜事物呢？

金发女孩效应

回想一下你第一次经历某种事情的情形。假设你刚出差回来，进客厅时发现自己的爱人买了一件新家具，上面还贴着留言："亲爱的，是时候做出一点改变了，这个软凳正好促销，所以我出手买下了。"此时你会怎么想？

当你走进卫生间，发现所有的旧毛巾已经换成新的了，旁边有个便条写着："原先的灰色毛巾太破了，我新买了几条青绿色长毛绒毛巾，好看吗？"

看到这些毛巾时你又作何感想？它们刚刚映入你眼帘的那几秒钟你有什么感觉？

你的第一反应或许是不太喜欢这样的惊喜。你喜欢那些旧毛巾，虽然已经卷边了，但这些新毛巾显得太……呃，太新了，和单簧管某个出错的音符一样乍眼。新毛巾让卫生间也显得很奇怪、陌生，和此前你习惯的地方完全不一样了，就像进了邻居家的卫生间一样。

新鲜感在一开始时会引起某些不太强烈的负面反应。因为是新事物，大脑需要进行额外的信息加工处理并消耗额外的精力，因为我们必须要确认这些新鲜事物有没有问题，够不够安全。新鲜事物激起了我们的好奇心，也让我们有所担心，即便是几条新的青绿色毛巾。

这些新毛巾和旧毛巾一样好用吗？舒不舒服？只有用过几次后

我们才能确认。

通过不断的接触，此前的新鲜事物会变得更加熟悉。用过几次新毛巾后，我们逐渐开始喜欢上了这种新毛巾，并发现它和旧毛巾一样舒服，且在度过令人沉闷的一天之后，卫生间给人眼前一亮的感觉。

这些新毛巾开始变得不再陌生，逐渐成为我们日常生活的一部分。几周之后，我们甚至都不会太在意这些毛巾。

接触同一事物的次数过多，也会让我们产生厌倦感。时间一久，用了很久的毛巾看上去也很无趣，一成不变的菜谱显得很单调，第三次看同一部电影时，这部电影再好看也不会让我们怦然心动。此前充满积极意义的熟悉感，如今却变得乏味而单调。

刺激越复杂，人们习以为常的可能性就越低。反复听同一首歌或者吃同样的麦片会让我们很快变腻，但我们对爱人或某家餐馆产生厌倦情绪的可能性却很低。这是因为，后两者能带来的刺激和变数更多。歌曲总是一成不变，但我们的爱人可以说不同的话或者以不同的形象出现在我们面前，给我们带来不同的经历和感受。因此，相对简单的事物可以很快吸引人们的眼球却迅速消沉下去，复杂的事物需要更长的时间来赢得人们的好感，吸引力也保持得更长久一些。

与之打交道的频率也对此存在一定的影响。一首歌连听十遍会很快令人心生反感，但如果每周听一遍的话，就不至于如此令人讨厌。因此，与之打交道的间隔时间越长，这种经历的新鲜感也就越高，我们的喜爱程度也就越高。

自我控制能力同样很重要。很多事物从来不会达到令人厌恶的程度，因为人们在达到此种程度之前就会选择放弃。如果我们觉得自己开始讨厌某道菜，会隔一段时间再做这道菜；如果我们厌倦了某个餐馆，接下来几个月中会选择去另一家餐馆，直到对之前的餐馆恢复喜欢的感觉。种种情况，我们从来不会达到正面情感转变为负面情绪的那种程度。

* 　* 　* 　* 　* 　*

在某些方面，我们的情绪反应和《金发姑娘和三只熊》（*Goldilocks and the Three Bears*）中的金发姑娘有点像。这个童话中的三只熊都有各自的床铺和食物偏好。一只熊的床很硬，另一只熊的床很软，第三只熊的床软硬适中；一只熊喜欢喝热麦片粥，另一只熊喜欢喝凉的麦片粥，第三只熊则喜欢温度适中的麦片粥。

金发姑娘一一进行了尝试，但总是喜欢适中的那种。硬床太硬，软床太软；热麦片粥太热，冷麦片粥太凉；中等硬度的床和中等温度的麦片粥正合适。

人们的情绪反应通常和金发女孩很相似，呈现倒U形特征。我们会对新鲜的事物有一种稍显负面（或中性）的感觉。在多次接触后，该事物变得越来越熟悉，我们开始产生更为正面的感觉。最终在接触太多次之后，我们会产生厌烦感，好感随之降低。

因此，太过新鲜不好，太过熟悉又很烦人。折中一下，则恰到好处。

例如，在研究人们对姓氏的喜爱程度时，英国心理学家发现了这样的规律。研究人员要求被试者对六个不同的姓氏做出评价，这几个姓氏都是从电话簿中随机抽取的。其中一半的被试者要评估自己对多个姓氏的喜爱程度，另一半的被试者则要评估他们对这些姓氏有多熟悉。

巴斯金、诺尔和博德尔等不太常见的姓氏不怎么受欢迎；被试者也不太喜欢史密斯和布朗等耳熟能详的姓氏。人们到底喜欢什么样的姓氏呢？

结果发现，最受欢迎的是那些中等熟悉度的姓氏。像雪莱或卡塞尔等姓氏就很受欢迎。在不熟悉和太过熟悉之间总存在一个恰到好处的点。

　　某些事物可能既存在熟悉感又存在新鲜感。某首歌的某些元素可能很熟悉（歌曲和弦或者歌手的嗓音），其他元素则是全新的（歌词）。土耳其辣椒新配方用的是你此前吃过很多次的食物（辣椒），但却增添了新意。和听上去很熟悉的名字一样，某些局部变化会增加人们的好感。

　　差异程度适中的事物通常能够引起更多人的关注。以孩子为例，看一张此前见过的狗的照片，他们对此没什么兴趣，因为狗对他们来说再熟悉不过了。如果给他们看一种与狗完全不同的动物（比如鲸鱼），他们对此完全不熟悉，可能会感到困惑，不知道那是何物。如果让他们看到与自己掌握的知识或期望值有所差别的事物的话（比如头上没毛的狗），会让他们特别感兴趣，因为这与他们对狗这种动物的认知是相符的，他们对此很熟悉，但又存在差异，能够激起他们的兴趣和好奇心。

　　熟悉感和新鲜感的完美结合能够驱动事物流行开来。如果某个古典音乐与同时代的其他音乐存在足够差异的话，这种古典音乐流行开来的概率更高。影响深远的科学研究都是扎根于此前的研究工作，外加一些旧想法的奇妙新组合。修身牛仔裤等流行样式既有我们熟知的某种事物（牛仔裤），同时又增加了创新性（新的样式）。

因此，音乐、时尚和其他领域的流行事物通常都会落入"金发姑娘效应"的作用范围。流行事物通常会与当前存在的事物足够相似，这可以激发人们的熟悉感温情效应，同时，流行事物还有足够的新鲜感，至少看上去是全新的而非过去某种事物的衍生品。熟悉感能够对事物流行与否产生影响，因为人们喜欢对新鲜事物的熟悉感。㉜

再回到飓风和孩子名字的问题，和飓风名字类似的名字会让人既有新鲜感又不失熟悉感。如果今年卡伦（Karen）的名字已经流行得烂大街了，明年父母们给孩子取名时通常会选择其他名字。但曾经很流行的卡伦（Karen）仍然会影响父母们的选择。凯蒂（Katy）和达伦（Darren）等名字出现的概率会很高，虽然父母们并不知道为什么。

㉜ 出乎意料的熟悉感温情效应最有效。如果我们已经知道某个事物为何让我们感觉很熟悉（"我上周刚刚去那里吃过饭"），与出乎意料的熟悉感相比，这种熟悉感引起的好感就会在无形中降低。流行的规律在于，人们感觉很熟悉，但却无法立刻说出来为何会有这种感觉。

恰到好处的差异化

　　山姆（Sam）是普林斯顿大学三年级的学生，他刚刚完成了自己的政治学作业。正要进餐厅时，他发现"饮食俱乐部"（Eating Club）前面在组织活动，填完调查问卷就可以拿到星巴克的代金券，过程貌似很简单，并且离自己朋友过来一起吃饭还有几分钟，他径直走上前参与活动。

　　调查问卷开始的几个问题都是简单的人口统计学问题，如入学年限、年龄、性别等。接下来的问题是：下列哪项最符合你的时尚风格？预科生风格、时尚型、运动型、古典型、前卫型/摇滚风、波西米亚风、独立/时髦、朋克/滑雪风、其他。

　　山姆不喜欢做选择题，考虑一会儿之后，觉得没有一个答案合适，便在"其他"前面的方框中打了钩，然后写了"折中主义"几个字。

* * * * * *

　　多年前一个干冷的秋天晚上，我出去遛狗，在街区的另一头看到两个男子。当天是周五，有很多人跟朋友出去吃饭或喝酒，但这两个人很特别，引起我注意的是他们的衣服。除了牛仔裤和看上去很普通的运动鞋之外，两个人都穿着棕色横纹衫。这种衬衫会让人想起老式的囚服（虽然是棕色的），或者联想到瓦尔多（Waldo）。

朋友穿相似的衣服并不新鲜。周五晚上经常能看到一些男士穿无褶有扣衬衫或POLO衫，或者V领T恤配牛仔裤，一些女孩会穿宽松的上衣和高跟鞋，或者穿连帽衫配UGG靴。

以上服饰和搭配都很常见，但棕色横纹衫真的很少见。两人身上的衣服并非完全一模一样，其中一个人身穿POLO衫，另一个人穿的则是毛衫，但整体上看都是奇怪的棕色横纹衫，夹杂着白色或灰色的条纹间隔。

他们是要去参加某个我不知道的条纹主题派对吗？还是说，他们这种丢脸的时尚打扮，能在更大程度上反映出社会影响对我们行为方式的作用？

辛迪·陈（Cindy Chan）教授、利夫·万博文（Leaf Van Boven）教授和我决定去普林斯顿大学一探究竟。

* * * * * *

1853年，普林斯顿大学的理事和教员曾投票禁止兄弟会和秘密社团。学校对于学生团体分化非常担心（在内战前的那段时期，学生团体之间经常是对立的），尤其对小团体忧心忡忡。

禁令本身不是什么问题，但由于校园中没有什么可供选择的餐厅，学生们不得不在学校周围的寄宿宿舍中用餐。很快，这种寄宿宿舍就流行开来。到1876年，这种招待学生用餐的宿舍已经超过20个，这就是人们现在熟知的"饮食俱乐部"。

饮食俱乐部如今已成为普林斯顿大学社交活动的中心。虽然20世纪80年代重新恢复了兄弟会，但仅存的少数几个兄弟会也都一直没有固定的活动地点，并且只有很少一部分学生参加兄弟会。

学生们的社交活动都是围绕饮食俱乐部展开的。绝大多数高年级学生不仅在饮食俱乐部中吃饭，还在那里学习、闲逛和进行体育活动。周四和周六晚上，绝大多数的饮食俱乐部都会举办晚会；各饮食俱乐部每年还会举办活动或音乐会来招待自己的会员。

考虑到这种俱乐部如此重要，同事和我都想知道，俱乐部对学生们的穿衣打扮是否有影响。就像两个身穿褐色条纹衫的好友一样，属于同一俱乐部的学生会穿某些相似的衣服吗？这些衣服是否足够显眼，让外人能够据此判断穿这样衣服的学生属于哪个俱乐部？

我们选择了两个很受欢迎的饮食俱乐部进行调查。其中一个是别墅俱乐部（Cottage Club），成立于1886年，有时也被称为大学别墅俱乐部（University Cottage Club），这是普林斯顿大学历史第二悠久的饮食俱乐部，也是最传统的饮食俱乐部之一。俱乐部成员需要经过面试和评选才能加入，并且都是秘密进行的。该俱乐部的建筑是由世界知名的建筑学家设计的，模仿了意大利的别墅风格，墙板设计模仿的是亨利八世的某座王宫。俱乐部的年会合影就像是在给J. 克鲁（J. Crew）或维尼尔德·万恩斯（Vineyard Vines）这两个品牌做广告，男士们都身穿卡其短裤和平底便鞋，女士们则身穿颜色清新的衣服和凉鞋。

第二家俱乐部叫作特勒斯（Terrace）。作为一家崇尚自由、创意的俱乐部，特勒斯是首家放弃限制性入会程序的俱乐部，会员选择通过抽签决定。该俱乐部还特供素食菜单，它的座右铭是"食物=爱"。这家俱乐部不太像是一家餐厅，更像是一处奥地利滑雪天堂，人们将其称为"特勒斯妈妈"（Mother Terrace）或"生命孕育地"（The Womb）。该俱乐部的会员打扮时髦，不穿学院风的查克·泰勒，穿裙子而不穿紧身衣，风格另类或复古。

5月的一个傍晚，我们在两个饮食俱乐部前各放了一张桌子，学生们完成一次小调研即可得到5美元的星巴克代金券。除了要填写快速调查问卷之外，我们还会给每个学生照一张全身照，以便记录他们的穿着。

之后我们去掉了照片上的其他所有信息，只留下学生们的穿着。因为我们去掉了人脸、背景色以及任何其他身份信息，所以谁都没办法辨认出照片上到底是谁，而只能看到一套衣服。

几天之后，我们对起初完成调研的学生进行了追踪调查。我们让他们一张一张翻看这些照片，然后问他们一个很简单的问题：你认为照片上的人属于哪个俱乐部，别墅俱乐部还是特勒斯俱乐部？

* * * * * *

我们有足够的理由相信，这个问题应该很难回答。毕竟，两个俱乐部成员之间没有特别大的差别，大家都属于同一所大学，年龄相仿，社会、经济背景类似。

俱乐部成员在穿着方面也是各凭喜好，颜色各异、品牌不同、风格迥异。

虽然受访者只获得了很少的信息，只看到每个人在拍照时碰巧穿了什么样的上衣、裤子和鞋子，但这并不妨碍他们正确地猜出照片上的人属于哪家俱乐部。受访者将照片上的人正确分类的准确率达到85%。

受访者之所以能够正确地分辨出学生所属的俱乐部，是因为人们往往会和周围的人做同样的事情。每个俱乐部成员的穿着打扮都会模仿该俱乐部其他成员。

但这还没完。就像我在路上看到的那两个身穿横纹衫的人一样，俱乐部成员的穿着打扮是相似的但又不完全相同的。别墅俱乐部成员往往穿得很学院风，但大家穿的卡其布衣服颜色有浅有深；特勒斯俱乐部成员往往穿着更另类，有人穿蓝色破洞牛仔裤，有人穿黑色破洞牛仔裤。在模仿效应发生作用的同时，差异化也在起作用。

并且这种差异化不是随机发生的。据称，喜欢有别于他人的学生会更显眼，他们会身穿不常见的龙图案T恤，或者会在学院风的裙子下面加一点蕾丝边。

但这些有更高打扮需求的学生和自己的同伴仍然足够相似，其他人仍然能够猜出他属于哪个俱乐部。整体来说就是，相似但却不同，一致但又独具特点。

* * * * * *

可能有人会想，穿衣打扮是否真的受社会影响驱动。毕竟，品位类似的学生之所以会加入同一俱乐部，也许只是因为他们想和自己的同伴待在一起。比如，学院风打扮的学生可能喜欢和学院风的学生一起玩，所以才加入别墅俱乐部，因为这是一处人所共知的学院风饮食俱乐部。并不是说与其他学院风的学生在一起让大家的穿着变得很学院风，而是他们从一开始就喜欢学院风的风格，最终只是选择了和其他学院风同伴待在这样一个地方而已。[33]

　　也可能是人们的行为准则鼓励大家有类似的穿着打扮。比如在正式场合中，大家都身穿类似的正装，没有人会为此感到奇怪，这无关社会影响，只是源于行为准则或这种场合的规则而已。

　　绝大多数情况下并没有如此强的行为准则，但很多情况下都有隐性的准则或做法。比如去沙滩玩，绝大多数人都会选择身穿鲜艳、亮丽颜色的衣服，而不是沉闷、厚重颜色的衣服；去一家高档餐厅吃饭，大家都会有意打扮一番。同样，周五晚上男男女女会有类似的穿着打扮，因为他们要去的某个地方的人都这么穿。

　　为了将以上两种解释区分开，我们进行了受控性更强的试验。

---

[33] 当人们发现两个个体呈现相似的行为时，就会出现一种争论：是社会影响造成了两人相似的行为（人们会根据他人的行为来改变自己的行为），还是说先有了这种相似性才让人们彼此交往？后面一种行为通常被称为志同道合，人们往往喜欢和同类人交往、成为朋友。大量研究表明，人们往往愿意和同类人联系在一起。这让相关行为背后的原因变得很难识别。比如说，如果两个好朋友都喜欢死亡金属（death metal）音乐的话，到底是因为社会影响的作用（一个人喜欢这种音乐，所以另一个人才开始喜欢这种音乐），还是说两人都喜欢这种音乐，所以才促使他们成为好朋友？巧妙的试验可以将这两种解释区分开来。

我们来到另一个大学校园，让学生们完成一次小调查。被试者要完成含有四个选项的几个选择题。

第一个选择题与车有关。被试者需要在灰色梅赛德斯运动轿车、蓝色梅赛德斯运动房车、灰色宝马轿跑车和蓝色宝马轿跑车之间进行选择。

另一个选择题有关两个品牌背包的两种不同选择。被试者会获得每种背包的一些信息，比如价格及特点，然后勾选自己想买哪个。

为了测试社会影响对人们选择的作用，我们还对人们是否会得到"他人"选择的相关信息进行了操控。

其中一半被试者单独根据产品信息做出选择，他们不知道别人选了什么。

另一半被试者在做出选择前可以看到其他人的选择（类似之前提到的线段长度试验）。我们告诉被试者，由于研究经费有限，只能两人共用一张调查问卷，以便节省纸张和复印费。

我们在选择题下面设置的两条答题线供两个人共同使用，一行标着"受调查者1"，另一行标着"受调查者2"。如果被试者看到前面没人作答，就将自己的答案写在"受调查者1"这条线上；如果

"受调查者1"这条线上已经有人作答，就将答案写在"受调查者2"这条线上。

实际上，该调查是受我们操控的。为了研究社会影响条件下被试者的选择，我们提前秘密在"受调查者1"这条线上写好了不同的随机答案，然后让真正的被试者在"受调查者2"这条线上开始作答。通过这种方式，每个被试者在做出选择前，都会看到所谓的他人选择。

之后，我们研究了被试者会和"受调查者1"做出同样还是不同的选择。

由于我们是随机写出"受调查者1"的选择的，所以被试者遇到某个和自己天生有着相同偏好的人的概率不太高。

这和正装晚餐或者选择穿什么衣服去沙滩不同，基于此调查问卷的独立选择或社会影响条件下的选择都与所谓的惯例无关，不会影响人们的行为方式。

我们都知道，模仿效应会让人们与他人做出同样的选择：前面的人选了灰色梅赛德斯的话，后面的人通常也会做出同样的选择。

我们还知道，差异化效应会让人们做出与他人不同的选择：知道前面的人选择了灰色梅赛德斯，后面的人则会避开该选项，在其他三个选项中做出选择。

但实际结果却更加复杂，因为模仿效应和差异化效应不是单独发挥作用的。人们并不仅仅模仿他人或者要与他人有所区别，而是要让自己与他人既相似又不同。

试验结果验证了这个规律，如果其他人选择了灰色梅赛德斯，被试者通常会选择蓝色梅赛德斯。如果其他人选择了蓝色宝马，被试者通常会选择灰色宝马。被试者选择的品牌相同但颜色不同，印证了"相似却又不同"的规律。

* * * * * *

相似度中等的事物满足人们既有新鲜感又有熟悉感，以及对于恰到好处的差别的需求。

正如线段长度试验和J. K. 罗琳的故事一样，人们一直在努力获得他人的认可，寻找归属感。与他人做类似或者相同的事情，能让我们相信自己所做的事情是对的。

就像弟弟妹妹想和哥哥姐姐有所区别一样，我们同时还渴望与众不同。我们不想和他人一模一样，想做独一无二的自己，我们喜欢能够让我们与他人有所区别的事物。

两种动机看上去是矛盾的，我们既想与他人相似，又想与众不同，既想与他人做同样的事情，又想做独特的自己。

适度相似有助于解决这种矛盾对立关系。我们可以和朋友穿同样的品牌，但会选择不同的穿衣风格；我们可以和同事买同款的沙发，但会选择不同的颜色。

与周围人或者我们愿意成为其中一分子的人群做类似的事情，可以满足我们融入社会的需求。选择有所不同的事物，能够满足我们有别于他人的需求。

我们要与他人有所区别，而且这种区别要恰到好处。

人们会选择在哪些方面与他人有所区别，同样会受到这种适度区别的影响。正如史努基和免费古驰包，以及极客和腕带的故事，品牌和某些方面的选择代表了某种社会身份。如果某个人经常穿耐克的话，人们可能认为这个人爱运动；如果某个人经常穿古驰的话，大家会觉得这个人很时尚。

在这种情形下，品牌是一种与身份有关的特征，能够透露出人的社会身份以及这人的穿衣品牌偏好。

但某些特征与身份无关。例如，一个人到底是穿蓝色还是黑色衬衫，这不会向他人透露太多的信息。类似地，在绝大多数情况下，到底是穿紧身背心还是T恤也不会给他人传递太多的信号。

因此，想要传递某种特定身份信息又想与众不同的人，通常会在与身份相关的方面从众，而在与身份无关的方面让自己有别于他人。例如，干得好的律师通常会购买宝马车来显示自己的成就，想传递这种信号又想与众不同的律师会选择购买橙色宝马车。时髦的人购买芬迪（Fendi）当季"It"手包，通常会选择不那么大众的颜色。[34]

明年流行什么？没有人能够给出确切的答案。即便如此，这种流行事物也不像人们想象的随机性那么强，与最近流行事物有共同点的那些事物在竞争中会占据一定的优势。足够的相似性能够让它们激发熟悉感温情效应，足够大的差异化则给人一种新鲜感。

---

[34] 在某些情况下，颜色可能会与身份有关，但同时存在能够展示差异化的其他因素。哥特和朋克通常都会一身黑色打扮，他们会穿黑色风衣或黑色T恤。再得，如果桃红色很流行的话，赶时髦的人可能都会穿桃红色，但他们会选择不同品牌的产品。总而言之，人们在哪方面选择从众、哪方面选择与众不同，取决于哪些方面能够传递身份信息、哪些方面无法传递该信息。

让社会影响发挥作用

在创新中将熟悉感和差异化融合在一起至关重要。你该如何描述"速易洁"（Swiffer）等新产品呢？一种革命性的拖把，还是一种新型清洁工具？你该如何设计无人驾驶汽车中的车座呢？应该朝前吗？

新产品或新技术可以在竞争中遥遥领先，但能否成功还要取决于消费者的认知。如果新产品和市场上的其他产品太过相似，则无法吸引人们前来购买。如果新版软件和旧版软件非常相似的话，为何要额外花时间去更新呢？但如果在创新上太过激进的话，就会出现其他问题。比如，消费者不知如何将某个产品归类（速易洁到底是个什么东西？），不知道这个商品是干什么用的，或者无法判断自己是否真的需要这种产品。走上这两个极端都非常危险，想在两者之间找到最佳的平衡点，需要兼具熟悉感和区别化。

以将汽车引入人们的生活为例。最早，马车一直是最主要的交通工具，但它有很多局限性，如奔跑速度慢、成本高和兼具危险性。在美国芝加哥等城市，马车造成的事故死亡率是现在汽车事故的七倍。

使用汽车是一种很好的交通解决方案。人们可以开车去更远的地方，速度也更快，还可以减少道路上的马粪数量，这在当时可是城市中的大问题。

让人们接受汽车，需要首先转变人们的思想，而且是很大的转变。多年来，马车（或驴车）一直是主要的交通工具，虽然有很多缺点，但人们对此已经习以为常。

汽车则是全新的事物，需要与马车完全不同的燃料，完全不同的驾驶技巧，以及全新的维修技巧。

人们需要对这些改变慢慢熟悉。当人们第一次看见一辆车在街道上自己跑、前面不用马拉着的时候，大家都震惊了，乡下的美国人将这种"恶魔车"视为城市堕落的象征，并颁布法令限制汽车上路，因为马很害怕这种声音很响、杂乱无章的"无马车"，经常会受惊后逃窜，使马车上的乘客坐不安稳。

1899年，有一位聪明的发明家提出了一种解决办法，让人和马对汽车的感觉更舒服。他在汽车车厢前面安装了一个与真正马头相似的复制品，一直到马肩膀的位置。

这种改装汽车的外观和马车相似。这种车上路时，大大降低了马匹和坐马车的人受惊的概率。这个假马头还可以用作气罐。

人们看到汽车前面粘着个马头，会不禁发笑，甚至觉得这种做法很愚蠢。虽然如今看来你会觉得人们非常可笑，但却很难想象第一次看到汽车时人们有多么惊恐。而在汽车前面装上某种人们熟悉的东西，有效地减少了人们对这种新生事物的恐惧感。

从更广泛的意义上讲，将具有革命性的创新成功引入人们的生活，通常需要为这种创新披上一件熟悉的"外衣"。当美国数字视频公司首次引入我们如今所知的数字录像机（TiVo）时，它们遇到了和当年引入汽车类似的挑战。虽然这种技术很有创新性，有望开创一个全新的市场，但却需要改变人们的消费习惯才能获得成功。具体来说就是需要将人们从被动地看电视转变为主动选择看什么节目，以及自由选择什么时候看。

为了帮助人们完成转变，也为了让消费者更容易理解这种新的服务，美国数字视频公司将TiVo设备设计成了黑色的盒式磁带录像机的样子，放在电视机下面或者机顶盒上面。

如果撬开这个黑色方盒，你会发现其内部结构是完全不同的。盒式磁带录像机就像老式的胶片摄像机，胶片是长长的磁带，绕在一个装置上，录像内容就记录在磁带上。TiVo则完全不同。和这个名字给人的感觉一样，TiVo实际上是一台计算机，里面没有需要缠绕起来的胶片。因此，该公司根本没必要把这种设备做成盒式磁带录像机的样子，完全可以做成标准的笔记本计算机或台式机的形状。

美国数字视频公司为了让人们对这种革命性的创新产品没有排斥感，才决定将其设计成人们普遍熟悉的某种产品的外形。通过将这种创新技术藏在某种人们看上去很熟悉的东西中，美国数字视频公司成功地利用熟悉感将差异化的产品变得更受人欢迎。[35]

现在的很多数字化操作在外观和形式上都会让人联想起生活中

---

[35] 这种视觉信号不仅可以让创新技术显得更加熟悉，还会影响人们对新产品在类别上的划分。苹果公司推出的牛顿（Newton）掌上电脑是如今智能手机的先驱，其设计和外形都像一台计算机，最终变成了一款表现不佳的产品。几年之后出现了掌上电脑PalmPilot，由于该产品适合放在口袋里并且外形像记事本，而不像计算机。在人们眼中，PalmPilot是对传统记事本的一大改进，所以该产品变得相当成功。

的真实操作。比如，通过点击图标来保存文档，将数字文件拖入垃圾箱中删除等。线下产品也有很多视觉上的相似性，比如高端车的仪表盘会有仿木纹，素食主义者所吃的汉堡会有烧烤的痕迹等。所有这些巧妙的设计都是为了让新事物在我们眼中显得更熟悉。

反之亦然，我们可以通过巧妙的设计让渐进型创新显得更具创新性。1998年，苹果公司发布iMac时，在技术方面只有很小的进步，但iMac从视觉上看却有革命性的创新。iMac不是千篇一律的黑色或灰色盒子，它看起来像一块口香糖，颜色上也使用了探戈橘和草莓色。该产品取得了巨大的成功，其与众不同感来自设计而非技术，掀起人们争相购买的热潮。

人们从来都不会单纯地评估技术，设计和技术综合在一起影响了消费者的产品感知。如果能让创新产品的差异化恰到好处，这种综合效果将是最好的。

* * * * * *

即使我们并未意识到这些改变，其他人也会一直不断地影响我们的消费、心智和决策。但社会影响是否还有更深层次的影响？它能影响我们的努力程度吗？它会激励我们更加努力还是会让我们更快地放弃？

Come On Baby,
Light My Fire

05
来吧，宝贝，
点燃我的激情

蟑螂告诉我们的激励机制……为何周围有人时我们会跑得更快，但平行泊车却表现得很糟糕……利用周围人促进节能……相对表现的重要性……失败能变成一件好事吗……为何最受欢迎的运动员更经常退赛……如何激励雇员、学生和其他人加倍努力……

卡拉（Kara）在黑暗中静静地等着短跑比赛开始。比赛并不复杂，赛道没有弧度，也没有转弯，只是一条长长的直道。此前她曾无数次跑过这么长的距离。

这里平时会有其他运动员，但今天只有她自己。计时表的表针一秒一秒地慢慢走着。

她能够听到粉丝们用力拍打看台的声音，她的同伴就在周围，等着比赛开始。此前人们已经见证了五位选手跑过，卡拉是第六个。

灯光一亮，卡拉就跃了出去。她还是起步晚了，但越跑越快，在赛道上不断冲刺。她努力将精力集中在终点线上，忘掉聚焦在自己身上的众人的目光。她觉得害怕，甚至有些恐惧，但依旧拼命地往前冲。最终，在紧张的42秒过去之后，她跑到了终点，然后大口喘气。这是她迄今为止最好的成绩。

身后的黑色大门关闭之后，卡拉又回到了角落。她舒展了一下六条腿，并清理了一下触角。

卡拉是只蟑螂。

* * * * * *

19世纪末期，研究人员诺曼·特里普利特（Norman Triplett）公布了一项研究，标志着我们如今所知的社会心理学的诞生。为了撰写印第安纳大学（Indiana University）硕士论文，特里普利特研究了2000多名自行车手的比赛数据。自行车手有三种比赛方式：有时单独骑行，努力减少用时；有时和其他车手一起比赛；有时要和时间赛跑，会有另一名车手同时骑行来帮助选手掌控节奏。

比较不同车手所用的时间时，特里普利特发现，车手们在和其他人一起骑行时速度最快。无论比不比赛，和他人一起骑行时，平均每英里的用时会减少20~30秒。一起骑行好像能激发更好的表现。

为了进一步论证该观点，特里普利特设计了一项试验。他选了一组孩子作为研究对象，让他们玩一个转动渔线轮的游戏比赛。渔线上有个旗子，特里普利特记录了这些孩子单独转动渔线轮的用时，以及和另一个孩子同时转动要用的时间。

实验结果与他在自行车手身上得出的结论类似：身边有另一个孩子转动渔线轮时，孩子们用时更少。

此后有许多研究都发现了同样的规律：他人在场参与会激发人们更好的表现。

在另一个试验中，研究者让被试者看一个单词，然后给他们一分钟的时间，让他们尽可能多地写出能想到的相关单词。还有一个试验，被试者要尽可能多地写出对某段话的反驳意见。在这两种情况下，分组试验（每个人都独立完成任务，但有他人在场）中的人们都有更好的表现，他们想出了更多的单词，给出了更多的反驳意见。

这种现象被称为社会助长（Social Facilitation），即他人在场时人们会有更好的表现。即使人们并非彼此合作或比赛，他人在场却改变了人们的行为。

不止人类会表现出社会助长效应，动物身上同样有这种行为现象。例如，有其他老鼠在场时，老鼠们的喝水速度更快，探查范围更广；其他猴子在场时，猴子们做简单任务时更努力；两只狗一起跑时要比分别跑速度快；和其他蚂蚁一起工作时，蚂蚁的挖土量能提高两倍，即使它们之间并没有协作。社会助长效应甚至会影响动物的食量：看到同伴吃东西的公鸡会一直吃，即使它已经饱了。

很多情况下，有同类在场时，人类（和动物）似乎都会有更

好的表现。㊱

* * * * * *

有趣的是，另一些研究中则出现了相反的现象。有他人在场时，人们会表现得更糟糕。

在一项研究中，被试者被要求记住一系列没有意义的音节。结果是，在观众面前记忆这些音节的人花费的时间更长，出错更多。在另一项研究中，被试者蒙着眼睛走迷宫。结果，有观众在场时，人们需要的时间更长。此外，在机动车驾驶证考试中，如果除了考官之外还有其他人在车中时，考生通过考试的概率更低。

人们发现，在某些情况下，有其他同类在场会让动物的表现更糟糕。例如，成对出现的金翅雀在分辨食物可否食用方面会遇到更大的困难；长尾鹦鹉成对接受培训时，破解迷宫花费的时间更长，出错的概率更高。

那么，他人在场到底会让人有更好的表现还是更糟糕的表

㊱ 有关社会助长效应的研究可以分为两大主要领域：观众效应研究和共作效应研究。前者研究的是有观众在场会对人的表现有何影响，比如独自跑步以及在别人的关注下跑步对跑步速度有何影响。后者研究的是，如果有其他人独立但却同时做同样事情的话，人们的表现会受到怎样的影响，比如独自跑步以及和另一个人一起跑步对跑步速度有何影响。在这两种情况下，其他人在场都能影响人们的表现，并且背后的原因是相似的。

现呢?

＊　＊　＊　＊　＊　＊

这个问题一直困扰着斯坦福大学的鲍勃·扎荣茨（Bob
Zajonc）教授。扎荣茨的学术之路非同寻常。他于20世纪20年代出
生在波兰，是家中的独子。1939年，他们举家逃至华沙以躲避纳粹
分子。但在到达华沙两周后，全家暂住的公寓遇到了空袭，扎荣茨
的父母遇难。

16岁的扎荣茨幸存下来，但双腿受伤。住院时，纳粹分子逮捕
了他并将其送往德国劳工营。扎荣茨和另外两名犯人幸运地成功逃
脱，他们走了200多英里到达法国。在穿越边境时，德国人抓住了他
们并把他们送到法国一家监狱中。扎荣茨最终再次逃脱，他和狱友
走了近550英里，一路上的食物和衣服都是偷来的，后来一位慷慨的
渔夫发现了他们，并将他们带到爱尔兰。

扎荣茨之后去了英国。一路上，他掌握了英语、法语和德语，
成为美国军队的一名翻译。战争结束后，他在联合国工作了一小段
时间，之后来到美国。扎荣茨进入密歇根大学学习，先后取得了学
士学位和硕士学位，并于1955年拿到了社会心理学博士学位。

作为一名科学家，扎荣茨能够发现过去几十年中一直被人所忽

视的重要问题，并且巧妙地对其赋予了震撼的洞见。他很了解人类行为，长期致力于研究复杂规律背后隐藏的简单关系。他正是带着这样的观点研究社会助长效应的。

此前的发现貌似自相矛盾。一方面，不计其数的研究表明，其他人在场可改善人们的表现：有观众在场或者有人在做同样的任务时，人们会表现得更好，即使人们相互之间并不存在竞争关系。另一方面，很多完全相反的研究结果同样令人信服：其他人在场会损害人们的学习能力和表现。

扎荣茨对这两种不同的结果已经有了理论解释，且他的解释既简单又巧妙。

现在，他只需要一种方法来验证他的解释，这就是前面提到的卡拉试验的来源。

* * * * * *

请在头脑中想象一下奥运会400米比赛的场景：酒红色的跑道，大型的看台，尖叫的观众，每个人都在给自己国家的选手加油鼓劲。选手们已经就位，正在等发令枪响。

现在想象一下同样的画面，只是把所有人都换成……蟑螂。比赛选手不再是肌肉发达、身穿氨纶比赛服的运动员，而是蟑螂。观众们也不再是挂着相机、挥舞国旗、呼喊着的支持者，而是蟑螂。

在此插几句话，你可能很讨厌蟑螂，它跑得很快，以腐烂食物为生，喜欢生活在黑暗之中。但是，实际上，蟑螂是最爱干净也是最顽强的昆虫之一。它们可以在没有空气的环境中存活45分钟，即使泡入水中半小时后依然可以复活。它们还可以忍受杀头之苦，至少可以短暂地忍受，蟑螂头被切下来后仍然可以存活数小时，且在低温和有食物的情况下甚至可以维持更长时间的生命。

扎荣茨认为蟑螂是测试社会助长效应的完美对象。

为此他建造了一座蟑螂体育场。这是一个大树脂玻璃盒子，可以用来计算蟑螂跑过赛道所需的时间。盒子一侧是一个小小的漆黑起跑盒，蟑螂在此等待比赛开始，中间有一个薄薄的金属门将其与跑道分开；另一侧是终点线——另一个小小的漆黑盒子，中间也有一个薄薄的金属门将其与跑道分开。

因为蟑螂厌光，扎荣茨不用发令枪而是用泛光灯驱动蟑螂开始跑。他打开跑道出入口的门，然后打开起跑盒中的灯，蟑螂就会飞快地跑到赛道上，寻找黑暗的藏身之所。整个赛道上都有光，唯一的逃生地点就是终点处的盒子。蟑螂们逃到这个盒子中后，扎荣茨会关门让蟑螂重回黑暗之中。

扎荣茨测试了蟑螂从一个盒子跑到另一个盒子需要用的时间——从打开一侧的门开始算，到关上另一侧的门为止。

为了测试其他同伴在场对蟑螂表现的影响，扎荣茨还建造了蟑螂看台。跑道旁边有一个小的观众盒，里面装满了蟑螂。为了让赛道上的蟑螂能够看到自己的同伴但却不受其干扰，扎荣茨用透明的隔板将他们分开。通过是否在比赛时放置观众盒及其中的"观众"，扎荣茨能够测试其他同类在场是否会影响蟑螂选手的奔跑速度。

这个设计真的非常聪明，扎荣茨堪称天才。

扎荣茨认为自己知道为何在不同情况下他人在场会出现两种截然不同的效果。在他看来，这取决于任务的复杂程度，或者说是衡量人类（或动物）表现的依据。如果任务很简单，或者参与者此前做过很多次的话，观众的存在能够促进其表现；如果任务困难高，或者需要掌握新技能，观众的出现就会妨碍其表现。

为了测试该观点，他设计了两种跑道。

其中一种是直道，两端分别放置起跑盒和终点盒。蟑螂只有一条路可走，它的主要任务是从有光亮的起点跑到黑暗的终点。

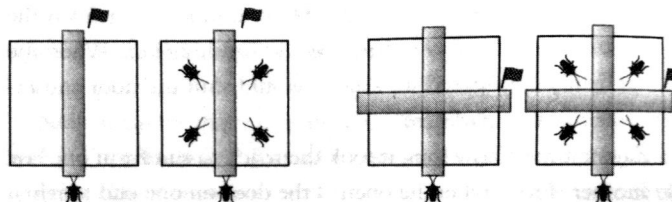

简单任务：直线奔跑　　　　复杂任务：必须选择正确的奔
　　　　　　　　　　　　　　跑路线

另一种赛道比较复杂，直道在正中间，前方被一条横向的赛道拦截，形成一个十字路口。此时蟑螂有三条路可走，但只有一条路通往他们想去的黑暗终点。

终点盒并未放在最容易找到的、与起跑盒正对的那条赛道的尽头，而是放在了另一条需要拐弯的赛道上。蟑螂需要先沿直线跑，然后右转或左转，再跑一段直线距离后才能到达终点。它必须进行不同和多次的尝试后，才能找到正确的终点位置。

果然，蟑螂在复杂的赛道上需要花费更长的时间，通常需要比直线赛道多花两倍的时间。

扎荣茨是对的。其他同类的存在到底会提升还是损害其表现，这取决于任务的复杂性。

* * * * * *

在该开创性研究过后的几十年中，人们一次又一次地发现了同样的规律：他人在场有助于提高人们在简单、熟悉的任务上的表现（比如涉及速度和准确性的任务），但会让人们在不熟悉、较困难的任务上表现更差。

例如，有他人在场时，我们系鞋带的速度会变快，系领结的速度则会变慢。有他人在场时，经过训练的水球运动员进球会变多，但未经过训练的运动员进球数会减少。有旁观者时，我们做笔记的速度更快，而用另一只手写字则不然。

如果你和朋友一起去健身或旁边的跑步机上有人的话，你会感受到他人带来的正面影响。即使你们并没有比赛，对方在场也有助于提高你的表现，你能举起更重的杠铃，或者跑得更快。

还记得平行泊车时他人在场给你带来的负面作用吗？平行泊车向来很难，你觉得自己进入停车位的时机刚刚好，但事实证明，你打方向盘的时间太晚了，以致必须把车开出来重来一次。此时街上的其他车开始排队等在后面，你重新来过，但这次又进来得太早了，所以又得重来。其他司机都盯着你看，觉得你应该重回驾校去学习。

我们中有些人确实不擅长停车，但社会助长效应也确实从中起到了一定的负面作用。旁观者的存在会让平行泊车这一本来就困难的任务耗费更多的时间。

　　无论有他人在场会对人们的表现产生正面还是负面影响，社会助长效应的发生都有一定的原因。首先，其他人的存在会让我们分心，会分散我们原本应该专注于平行泊车或其他事情上的精力；其次，其他人的存在要求我们做更多的印象管理，我们希望给人留下好印象，所以会更加努力；最后，其他人的存在会激发更多的生理反应，如心跳加快，血流加速，身体紧绷，其中部分原因在于印象管理。

　　这些因素会让我们在机械化、天生的或熟练掌握的事物方面有更好的表现。此时我们的好胜心被激起，迫不及待地开始行动。面对我们比较擅长的事情（比如在跑步机上跑步或者做此前重复过上百次的某项运动），我们甚至会有更好的表现。

　　但对于比较困难的或者需要更多注意力的任务而言，这些因素会让我们表现得很糟糕。我们会思考周围人会怎么想。如果停不好车，别人会对我指指点点吗？我们的担心和顾虑致使我们表现得很糟糕。

电费账单2.0

你会每天查收电子邮件吗？

对于很多人而言，查邮件不是什么难事，甚至有些人查邮件的频率非常高。

你会每天查看天气预报吗？体育赛事比分或社交媒体呢？

我们浏览这些信息的频率非常高。我们能提前知道未来一周的天气状况，我们很容易就能知道地球另一端某个球队表现如何，我们不用出门就知道自己的高中同学正在阿鲁巴岛度假，而且能看到那里有多美。

这些你都知道，但家里消耗多少能源你知道吗？你有了解并统计过吗？

能源问题是摆在社会面前的一大挑战。虽然每个人都能意识到节约能源的重要性，但解决能源问题更多在于社会影响，而不在于技术进步。

*　*　*　*　*　*

气候变化是21世纪全球最关注的一个问题。无论你有何政治倾向，在无数科学证据面前，都无法否认全球变暖这一事实。冰川正在消融，亚热带沙漠面积在不断扩大；干旱和暴雪等极端气候现象出现得更频繁，动植物种类在锐减；由于农作物减产，食物保障受到威胁。

全球变暖的核心问题在于能源使用。矿物燃料燃烧会产生二氧化碳，汽车、工厂和电厂排放的温室气体量不断攀升。随着世界经济的增长，人们消费的能源量不断增加。冬天采暖和夏天纳凉都需要消耗能源的电脑需要用电，工厂运转需要耗能，在工作场所和家庭之间往返也需要消耗能源。随着世界工业化程度的不断提高，我们给自然资源带来的压力也越来越大。

有些东西必须要舍弃，我们需要找到某种方式减少并清洁能源消耗，否则整个世界就会出现令人不安的变化。

人们提出了很多大规模的解决方案，比如政府会规定电厂的二氧化碳排放量，制定标准要求汽车制造商保证一加仑汽油可以跑多少路。还有一些有关新技术和替代能源的解决方案，比如利用太阳能、风能和地热能等，所有这些都是为了控制全球变暖的速度。

改变消费方式也能起到很大作用。人们可以购买"能源之星"洗衣机以节约单位水耗和能耗，或将现有的灯泡换成小型荧光灯，使灯泡寿命最高延长10倍，甚至可以在自家阁楼上采取更有效的保温隔热措施。

但最简单的解决方式却是让人们节约能源。比如，离开房间时关灯，减少洗澡时间；冬天将暖气温度调低一两度，并且出门时将其设成低温模式。如果所有人都这样做的话，每个人在节能方面的小小改变都能给地球带来很大的影响。

那么，我们该如何让人们改变自己的行为方式呢？

* * * * * *

如果让你说出一个给电力行业带来革命性变革的人的话，你应该不会选择丹·耶茨（Dan Yates）。耶茨是一位来自圣地亚哥的专业撑竿跳运动员。他在哈佛大学获得了计算机科学学位，希望有朝一日创建自己的公司。

耶茨毕业后来到洛杉矶，在一家公司短暂工作后，与一位哈佛大学同窗共同创立了一家教育评估软件公司。该公司业绩很好，三年后雇员超过140人，顾客范围接近500个学区。这引起了出版业巨头霍顿·米夫林出版公司的兴趣，并收购了耶茨的公司。

在为霍顿·米夫林出版公司工作一年后，耶茨认为自己需要休息一下。他和妻子策划了一次长达一年的冒险之旅，这是一次令他们永生难忘的经历。他们买了一辆二手丰田4Runner越野车，从阿拉斯加出发，踏遍了整条泛美公路，全程约30000英里，最终抵达阿根廷最南端的乌斯怀亚。

沿途的风景非常漂亮，他们在玻利维亚看到了世所罕见的动物，在哥斯达黎加雾林中看到了壮丽的独木舟。

耶茨和妻子也看到了很多破坏的环境行为。成片的热带雨林被砍伐一空，人们烧毁大片的灌木丛和天然林地以清理农耕用地。耶茨归来后就一直在思考，自己能为保护环境做点什么。

耶茨和另一位哈佛大学同学亚历克斯·拉斯基（Alex Laskey）一起研究如何减少人们的能源浪费行为。他和同伴想出了一堆想法，有些与太阳能有关，有些与减少污染排放有关。

当耶茨研究自家电费账单时，他们找到了最有前途的努力方向。电费账单如一团乱麻，系统输电费用、功率调整和管理费用，还有一些用电单位，这些到底是什么？简直很难读懂，更别提理解了。耶茨认为电费账单应该可以设计得更好，"我不懂这些术语，也不想知道。我就是想知道我用了多少能源，邻居用了多少能源，或者其他我能理解的事情。"

并非只有耶茨如此，绝大多数人都看不懂自己的能源账单，他们甚至都不愿意费力气去了解其中的详情，只是每月按时支付费用而已。

或许社会影响力可以有所帮助。

*　*　*　*　*　*

圣马科斯这个地方非常适合研究节能。这座城市位于圣地亚哥以北45英里，5号洲际高速公路沿着海岸延伸，恰好将其变成了内陆城市。加州南部最出名的就是阳光，圣马科斯同样不会让人失望。这座城市的降雨量不足美国其他地区的一半，全年日照天数超过260天。

但冬天的圣马科斯还是很冷，人们需要采暖。夏天时，这里的人们热得难受，需要吹空调。这里的大部分地区都很干旱，每隔几年就不得不控制用水量。人们只能在一天中的某几个时段洗车，居民在一周的某几天内才能给草坪浇水，而且受居住区域所限。

十年前一个干燥的夏日，鲍勃·恰尔蒂尼（Bob Cialdini）、维斯·舒尔茨（WesSchultz）、杰西卡·诺兰（Jessica Nolan）、诺亚·戈尔德斯坦（Noah Goldstein）和弗拉德斯·格利斯科维西斯

（Vladas Griskevicius）教授在圣马科斯进行了一个简单的试验。

研究人员在社区中挨家挨户地发放节约能源的倡议资料。每家每户都收到了一个门牌（和宾馆中"请勿打扰"的标志类似），鼓励大家节能，并建议大家用电风扇替代空调、缩短洗浴时间、晚上开窗睡觉等。

在尝试改变人们的行为时，节能宣传通常会关注以下三种主要诉求：省钱、环保、社会责任感。为了确定何种诉求更有效，研究人员对这些家庭进行了分组，使各组家庭得到的信息不同。

对第一组家庭的节能倡议中强调的是省钱。例如，说到使用电风扇，倡议中称，"夏天来了，这正是你节省家庭能源开支的好时机。这个夏天你该如何省钱呢？使用电风扇，关闭空调！为什么要这么做呢？加州圣马科斯的研究人员发现，夏天用电风扇代替空调，可以让你每个月最高节省54美元。"

第二组家庭得到的是环保信息，鼓励人们"节约能源，保护环境。夏天来了，这正是减少温室气体排放的好时机。这个夏天你该如何保护环境呢？请使用电风扇而不要使用空调！为什么要这么做呢？加州圣马科斯的研究人员发现，夏天用电风扇代替空调，可以让你每个月最高减少262磅温室气体排放量！风扇，而非空调——环保人的选择。"

第三组家庭收到的信息呼吁大家要做优秀公民："夏天来了，我们要共同努力节约能源。如何为子孙后代节约能源呢？请使用电风扇而不要使用空调！为什么要这么做呢？加州圣马科斯的研究人员发现，夏天用电风扇代替空调，可以让你每个月最高减少29%的用电量！风扇，而非空调——有社会责任感的人的最佳选择。"

除了传达不同的诉求之外，研究人员还统计了各个家庭在收到节能倡议前后的能源消耗量。

绝大多数人都觉得环保倡议应该是最有效的，至少应该比其他两种更有效一些。

但这种感觉是错的，而且上述所有诉求都没有效果。环保倡议信息对于人们减少能耗没有任何作用。无论该倡议是鼓励人们保护环境、省钱还是做好公民，人们都不买账。人们的能源消耗并未减少，并且几乎就像从未收到过这些倡议一样。

幸运的是，研究人员还尝试了第四种倡议诉求。这次，研究人员没有指出应该节能的原因，而是单纯强调社会行为准则，即社区中的其他人是如何做的："调研发现，你的邻居中有77%的人在夏天不用空调，只开电风扇。请你也关闭空调，打开电风扇。"

这种方法非常有效。收到这种倡议的家庭的用电量都有了大幅下降，并且在收到这种倡议几周后，节能效果依然存在。因此，只是简单地告诉人们邻居都在节约能源，足以督促大家身体力行。

* * * * * *

根据这些研究结果，耶茨和拉斯基看到了机会。利用社会行为准则是减少人们能源消耗的一种简单而有效的方式。在提供家庭用能数据的同时附上其他人的节能做法，能够让能源账单附加督促人们节能的效果。

耶茨和拉斯基创立了Opower公司，如今在世界范围内和一百多家公用事业公司合作。Opower公司向客户发送有针对性的能耗报告，报告中没有令人一头雾水的术语，而是通过文字帮助消费者了解自己到底使用了多少能源。该能耗报告是根据圣马科斯的研究结果设计的，告诉了消费者自己家的能耗和附近其他类似家庭的能耗，以及他们家的能耗比别人家高还是低。

这种社会比较信息为消费者提供了节能的动力，但该能耗报告并不止于此。报告中还整理了不同的消费者可以采取的特定节能方式，如换掉某些电器、关灯、调整电视机的设置。

这些方式可以使人们的能耗降低约两个百分点。对于个人而言貌似作用不大，但上升到整个国家就效果惊人了。自从Opower公司的这些项目启动后，它给社会带来的节能效果超过6太瓦时。6太瓦时相当于住在阿拉斯加和夏威夷的210多万名美国人的全年用电量。

但Opower公司并不仅仅节约了能源，还减少了二氧化碳的排放量，累积效应相当于保护了超过2.4万个足球场大小的美国森林，或者相当于芝加哥所有的汽车全年不上路。

有意思的是，当圣马科斯的居民被问及这种呼吁是否有效时，绝大多数人都觉得很可笑。谁会那么在乎自己的朋友和邻居是否节能？即使有点在乎，他们也觉得这不如保护环境或省钱更重要。

他们错了，人们往往低估了他人对自身行为的影响，且事实足以证明。

* * * * * *

很明显，他人能够激励我们更努力地工作或节约能源，但我们自身的表现与他人相比如何，这很重要吗？

* * * * * *

失利的好的一面

你可能不喜欢体育博彩，但设想一下，某人给了你1万美元让你在一场篮球比赛中下注。中场休息时，你需要选择哪支球队会赢得比赛，选对的话，这笔钱就是你的了，否则只能两手空空。

你于是集中精力选择赌哪支球队赢。这是一场快节奏的比赛，双方都有赢的可能。双方交替领先，一支球队打出一波得分高潮领先8分后，对手奋起直追，不断缩小分差，双方再次交替领先。半场结束时，一支球队领先对手1分。

你会拿1万美元赌哪支球队赢呢？当前领先的那支还是落后的那支？

如果你和大多数人一样，你会选择当前领先的那支。毕竟，无论是努力赢得一场艰苦的比赛还是努力做办公室中最好的销售人员，直觉告诉我们，领先的一方获胜的概率更高。第一节后领先的曲棍球队赢得比赛的概率超过2/3，三局过后领先的棒球队取胜的概率超过3/4。篮球也不例外，领先的球队通常会赢得比赛，分差越大，这种趋势越明显。例如，半场领先4分的球队获胜的概率超过60%，半场领先8分的球队获胜的概率超过80%。

这种趋势没什么好惊奇的。领先的球队往往表现更好，这是他们领先的部分原因所在。

落后的一方要想赢得比赛，需要付出更多的努力，比对手拿更多的分。

但落后有没有可能是件好事呢？落后会不会实际上反而可以增加获胜的概率呢？

* * * * * *

我做过的最快乐也最有挑战性的一件事就是当青少年足球教练。当时我正想找一个有趣的课外活动让自己的关注点从学校中脱离开，正好听朋友提到了耐克公司举办的鼓励大学生传授青少年体育知识的项目。在我小的时候，父亲曾教过我踢足球，并且我一直很喜欢足球，所以决定去试试。

在接下来几个月中，每周二和周四下午我都要和18个男孩一起度过。他们来自美国青少年足球联盟东帕罗奥图（East Palo Alto）分部。我和一组非常棒但又很疯狂的十一二岁的男孩一起，既当他们的足球老师又陪他们玩。我们通过跑圈来改善体能，通过传球训练来培养团队精神，通过带球绕桩来提高信心和能力，我们也在足球场周围追逐打闹。我并不是最好的教练，但我努力给他们分享我那点运动知识，帮助他们成为更好的运动员。

总体来说，我们是支强队。我们有一位身材高大、头脑聪明又不失灵巧的前锋，另一位前锋身材稍矮但速度很快，且进过很多球；我们有几个身材强壮的后卫和几个技巧纯熟的中场队员，他们在场上来回飞奔，貌似永远不知疲倦。

但比赛时我们表现得忽好忽坏。有时我们踢得很好，当孩子们第一次踢出"传切配合"时，我差点落泪。看到他们将训练的内容变成自己的能力，这种感觉很棒。

另一些时候我们则表现得很糟糕。有时我们日复一日地训练，但就是毫无效果。无论我们练过多少次，就是无法赢得比赛。

作为教练，我除了在边线上踱步之外没有太多可做的。制订改进计划是一回事，激励他人是另一回事。我可以不时地换人，但真正控制比赛的是这些孩子。

中场休息时间是我能够做出重大调整的唯一机会。我们在草地上围成一个半圆，孩子们狂喝水、吃橘子瓣，我们一起讨论比赛战术，以及哪方面做得很好，哪方面还需要改进。我会不时地给他们一些鼓励，说些诸如"你们可以做到"或"冲上去打败他们"之类的话。之后孩子们继续踢下半场，几乎把我在中场休息时强调的话当成了耳旁风。

虽然我的话貌似无法改变他们在球场上的表现，但当时他们是领先还是落后却可以决定他们接下来的表现。如果上半场我们领先或者平局，下半场我们踢得就还可以，有时最终会获胜，有时最终会失利。但如果上半场我们落后，则会出现另一种情形，即孩子们的劲头会变得更足。如果下半场开始时我们0比1落后，最终我们会以3比2获胜。如果我们上半场以1比3落后两球，比赛结束时就会以5比3取胜。这不是准确的比分，但通常情况下，貌似落后时我们会踢得更好。

作为教练，这让我有些抓狂。如果我们半场落后都能赢得比赛的话，为何不能始终踢出好球呢？很明显，我们有这种实力，也有这种获胜的愿望，那为何非要在自己落后时才将这些表现出来呢？

＊　＊　＊　＊　＊　＊

一支球队赢得或者输掉一场比赛的原因有很多：球队的化学反应、技术、主场优势甚至天气因素。但我执教的球队的表现是否代表了更广泛的规律呢？

　　行为经济学家德文·波普（Devin Pope）和我决定研究一番。足球比赛得分很少，很难收集到足够多的、有意义的孩子们比赛的数据，因此我们选择对职业篮球比赛进行研究。

　　我们分析了共计约两万场美职篮（NBA）比赛超过15年的比赛数据。既有马刺队大卫·罗宾逊（David Robinson）的比赛，也有凯尔特人队保罗·皮尔斯（Paul Pierce）、雷·阿伦（Ray Allen）和凯文·加内特（Kevin Garnett）的比赛，不一而足。我们记录了半场比分，以及最终哪队获胜。

　　跟主场优势的通常说法一致，球队在主场赢球的概率比客场高；赛季中获胜比例更高的球队表现也更好，赢得比赛的概率也更高；半场领先越多的球队获胜的概率更高，这没什么好奇怪的。一支球队每多领先对手2分，获胜概率就会增加7%左右。

　　这说得通，领先更容易获胜。

　　有一个例外，就是在球队胜负转换的那个点上。

　　假设某个球队输两分，根据其他数据类推的话，这个球队赢球的概率应该比领先两分的球队低7%左右。在对各支球队实力、主客场比赛以及其他所有因素进行控制的情况下，在一百场比赛中，半场落后两分的球队应该比半场领先两分的球队少赢七场比赛。

但事实并非如此。

事实上，半场落后两分的球队赢球的概率反而更高。落后不仅提高了球队赢球的概率（8%左右），与对手相比，还提高了赢得比赛的次数。

如果下注的话，赌半场落后两分的球队获胜更保险一些。[37]

* * * * * *

为何稍稍落后反而会让球队赢球呢？为了找到原因，我们设计了一个小游戏。

试想一下，你坐在电脑键盘前。在键盘左侧，字母Q键下面是字母A键。在键盘下部，字母V和N之间是字母B。请将一根手指放在A上，另一根手指放在B上，连续交替按这两个键，A、B、A、B、A、B……速度越快越好。

每当你依次按下这两个键时，都会得一分。按键速度越快，最终得到的总分就越高。这并不是什么好玩的游戏，但却没什么难度。

我们把这个游戏换成一个比赛。比赛分两个半场，每个半场30

---

[37] 大学篮球比赛同样如此。对4.5万场比赛的分析结果显示，半场落后能够极大地提高全国大学体育协会（NCAA）球队获胜的概率，半场稍稍落后的球队赢球的概率更高。NCAA比赛扩大到64支球队以来，排名第九位的种子球队击败排名第八的概率达54%。差距并不大，但考虑到排名第八的种子球队理应更好，这确实令人吃惊。

秒钟，中场有短暂的休息时间。比赛结束时，得分最多的选手会获得一笔奖金。

中场期间，我们为不同的选手提供了不同的信息。其中一些选手什么信息都得不到，另一些选手则会得到有关比赛情况的反馈。和Opower公司提供的能源报告类似，选手们可以知道与对手相比自己表现如何。

为了测试落后的影响作用，我们操控了这些反馈意见。我们告知某选手，对手领先1分，也就是说这个选手落后1分。之后我们测评了这个选手在下半场比赛的努力程度，即他们点击键盘的次数是增多了还是减少了。

结果是，觉得自己比分落后会给人以激励，让人更加努力。与没有得到任何反馈的选手相比，认为自己落后的那些人的努力程度会提高三倍以上。[38]

通过影响人们的参照点，或者影响人们用于衡量自己表现的标

---

[38] 该试验排除了篮球比赛中我们无法控制的某些因素。比如裁判也许支持落后的一方，多给了他们一次暂停机会，吹罚他们犯规的次数更少，从而提高了他们赢球的概率。抑或球队教练更擅长在落后时激励队员，不擅长在领先时鼓舞士气。在我们进行的其他试验中，有人提出了这种质疑，即使这样我们也无法将其从数据中排除掉，但在这个试验中我们可以做到。结果是，即使没有教练或裁判，选手们知道自己稍稍落后也会变得更加努力。

杆，这种竞争可以影响人们受激励的程度。进行5000米赛跑比赛，参加考试，或者在办公室打销售电话时，我们通常会给自己设定一个目标，比如希望自己在20分钟内跑完，成绩得"A"，或者这个月要开发10个新客户。

成绩与这些目标之间的相对关系，反过来会影响我们继续工作的努力程度。请考虑下列情况：

奇普（Chip）和乔治（George）两人都喜欢锻炼身体，他们的健身计划都是每天做25个仰卧起坐。一天，奇普将目标定成了37个仰卧起坐，乔治的目标则是33个。做完35个仰卧起坐后，奇普和乔治都累了，他们都最多可能再做一个或两个。

你觉得谁会更加努力地完成最后这两个仰卧起坐呢？奇普还是乔治？

人们通常认为奇普会更努力，因为他尚未完成自己的目标。他只做了35个，但目标是37个。奇普快达到自己的目标了，只要再努力一点就行。乔治可能感觉很好，因为他已经达到了自己的目标；奇普可能会感觉不满意，因为他尚未达到自己的目标。这种不满意将驱使他更加努力，因为与领先相比，落后具有更强的激励作用。

落后的激励作用不仅对总体目标起作用，还会出现在达成目标的过程中。如果我们这个月的目标是开发10个新客户，月中时我们只开发了4个，与已经开发了8个新客户相比，我们对自己的表现会更加不满。落后于我们理想的目标会激励我们更加努力。

竞争的激励作用源自类似的原因。我们会利用提前设定的目标（比如33个仰卧起坐或开发10个新客户）来衡量自己是否成功，也经常会把他人作为比较标准。能否赢得一场篮球比赛不仅取决于你的球队得了多少分，还取决于你是否比对手多得分。你自己每个月用的电很多吗？很难说，但如果某个邻居的用电量远少于你的话，就会促使你们去缩小差距。

有时，比他人优秀会给你带来明显而诱人的奖励：销售额最高的那个人能够拿到奖金，杆数最少的那个人会赢得高尔夫球锦标赛。

有些时候，奖励代表一种成就感。获胜带来的满足感要超过失败，比邻居少用电的感觉要好于比他人用得多。

落后于他人能够激励我们做出更好的表现。但落后总会激励人更努力吗？

失利何时会导致进一步的失利

理查德·潘乔·冈萨雷斯（Richard Pancho Gonzales）是有史以来最好的网球选手之一。冈萨雷斯于1928年出生在加利福尼亚州洛杉矶市，他是这项运动中少有的几位墨西哥裔美国明星球员之一。十二岁时，妈妈给了他一支51美分的球拍，从此他便开始了网球生涯。他通过观察附近公开赛中选手的表现来自学成才。19岁时，他的身高达到一米九，这让他在自己的发球轮占有优势。

冈萨雷斯创纪录地连续八年成为世界上最优秀的网球选手。在他的职业生涯中，他一共赢得了17个主要比赛的单打冠军，包括两次大满贯冠军。《体育画报》（*Sports Illustrated*）的编辑在评选20世纪最受人们喜爱的运动员时，将冈萨雷斯列在第15位，并声称，如果通过一场网球比赛来决定地球命运的话，人们会选择让冈萨雷斯来发球。

冈萨雷斯最非同寻常的一场比赛，是1969年在温布尔登对阵查理·帕萨雷尔（Charlie Pasarell）。那时，41岁的冈萨雷斯已经做了祖父，帕萨雷尔（25岁）不仅比他年轻许多，还曾经在冈萨雷斯手下接受过训练，模仿过他的击球动作和技巧。

比赛开始，双方都保住了自己的发球局。冈萨雷斯发球时赢了一分，帕萨雷尔发球时同样赢了一分。比分交替上升，五局、十局、十五局，冈萨雷斯无数次挽救局点避免落败，二十局、三十局、四十局，最终，帕萨雷尔在四十六局时放高球到对方底线，从而破掉了冈萨雷斯的发球局，他赢了第一场比赛，比分24∶22。

第二场比赛在晚上七点多开始，当天伦敦天气阴沉，天色渐暗。冈萨雷斯抱怨视线越来越差，但裁判并未理会。不管是冈萨雷斯饿了还是无法看清楚，第二场他又输了，但这场用时很少，最终比分1∶6。第二场结束后，比赛将于第二天继续进行。

第二天早晨天气很好，两位选手回到场上继续激战。冈萨雷斯不断努力但就是无法完成破发，比分一路攀升，6∶6、8∶8和10∶10。29局比赛后，帕萨雷尔出现两次失误，输掉了第三场比赛，比分14∶16。

此时比赛势头突然发生了逆转。帕萨雷尔出现失误并输掉了第四场比赛，比分3∶6。此时比赛已经打平，比分2∶2。冈萨雷斯看上去很疲惫，他靠球拍支撑自己来拖延时间，但他不会放弃。帕萨雷尔一次次将他逼入绝境，但就是无法彻底击败他。此前比赛中帕萨雷尔频频奏效的放高球战术不再起作用了。冈萨雷斯开始反击，在7次平分之后，他赢得了自己的发球局，比分变成了5：5。

接下来一场帕萨雷尔赢了，但冈萨雷斯又一次从0：40落后的局面中追了上来。比赛势头不断变化，比分交替上升。最终冈萨雷斯赢得了最后11分，并以11：9的成绩赢得了这次比赛，从而最终获胜。

这场比赛用时超过5小时，局数超过110局，是温布尔登历史上耗时最长的单打比赛之一。

* * * * * *

出于该史诗级比赛的部分原因，温布尔登于1971年引入了抢七。比赛在6：6平分后，两位选手不用一场又一场地打下去直到其中一人领先两分，而是通过抢七来确定谁获胜。[39] 双方轮流发球，最先得到7分的一方获胜（而且要比对手多2分）。抢七会持续一段时间，但能够降低像冈萨雷斯对阵帕萨雷尔这种冗长比赛出现的概率。

与我们在篮球比赛方面的研究类似，一位经济学家想知道，网球比赛失利对人们会产生怎样的影响。假设一位选手抢七失利：这

---

[39] 这是最后一场比赛，且只有这场比赛需要抢7分。

会影响他在其他比赛中的表现吗？

在分析了数千场比赛之后，他发现，答案是肯定的。但这种影响与我们在篮球比赛中得到的结果完全相反。失利不会让选手有更好的表现，而会让他们表现得更糟糕。第一场抢七失利的选手，基本上都会在第二场再次失利。

为何会这样呢？

人们往往愿意将失利的不同影响归因于两种运动之间的区别：篮球是一项集体运动，网球则是个人运动；篮球比赛持续时间不超过一小时，而网球比赛往往长达两三个小时。此外还有很多其他方面的区别。

但最终人们发现，这跟篮球和网球运动之间的差别没太大关系，更多在于失利程度有多高，或者说失利有多糟糕。

人们在接近自己的目标时会备感振奋。以咖啡店和百吉饼店的会员卡为例，或者以其他培养顾客忠诚度的方式为例。通常，持有会员卡的常客会得到免费赠品比如买九杯咖啡送一杯，买五个百吉饼送一个。这种奖励会带来回头客，但其作用取决于人们有多少接近拿到这种奖励的机会。与刚刚开始使用这种会员卡的人相比，快要拿到奖励机会的顾客前来消费的次数更频繁。感觉马上就要达到目标了，这会让我们更加积极，所以很快就会再次光顾。

动物身上同样存在这种行为模式。与刚刚开始走迷宫的老鼠相比，快要拿到奖励（比如奶酪）的那些老鼠跑得更快。且越接近拿到奖励，这种激励作用越明显。

在比赛中，这不仅仅是落后的问题，还与落后多少有关。稍稍落后一点要比大比分落后的激励作用更明显，因为前者更接近赢得比赛的目标。

以半场落后一分的球队为例。他们快要达到自己的目标时，就像刚刚转过墙角已经看到奶酪的老鼠一样。此时，如果他们好好防守再得一分，就能填补此前的差距，而再努把力的话，就可以从输球方变成赢球方。正如篮球评论员说的那样，他们是如此之接近，几乎已经品尝到了胜利的滋味。

相反，落后8分的球队也在比赛，但心理状态完全不同。他们必须做好防守，还要多进几个球，甚至需要打出一波得分高潮。他们距离获胜很遥远，即使可以嗅到胜利的味道，但离得太远仍无法品尝到其滋味。

当我们落后很多时，很难鼓动球员做更多的努力。落后8分的球队依然有可能赢球，但差距让胜利显得遥不可及。并且，如果我们并不确信会带来很大改观的话，就很难付出更多的努力。

所以，社会比较不仅可以提升激励效果，也有可能降低激励效果。

设想一下，你的球队不是落后8分，而是落后20分或25分，落后如此之多，获胜的机会非常渺茫。必须要有很多机缘才能追赶上来，连你自己都怀疑有没有可能做到这点，所以你会放弃。因此，在成功开始显得不太可能的情形下，激励效果会下降，竞争变成了负激励。

网球选手输掉抢七之后就会出现这种情况。赢得比赛并非不可能，但却变得更加困难。输掉抢七的选手原本已经在胜利的路上走了一半，现在却变成卡在失利之路的中间，他们的落后不是一星半点，而是落后一大截。[40]

这种相对表现方面的快速转变会导致负激励效果尤为明显。当然，落后的感觉固然不好，但遥遥领先却最终失利的感觉更糟糕。就像你觉得自己是升职的首选，却发现自己在升职人选中排名倒数一

---

[40] 值得注意的是，在 Opower 公司的研究中，并未发现落后很多时的负激励效应（奥尔科特，2011）。在知道邻居用电量远少于自己家时，人们貌似并不会放弃努力，或下决心忽视自己的用电量。如果非说有什么相关信息的话，数据表明，用电最多的家庭往往节约量最多的家庭。但是，我们尚不清楚这到底是一种心理作用还是自然反应。超重 20 磅时，减肥两磅要比只超重 3 磅时更困难。同样，用电更多的家庭也许有更多可削减用电之处。可能他们此前并未采取这么多措施，因此更容易将用电量降下来。

样。排名倒数感觉不好，但排名靠前的人可能最终感觉更糟糕。④

* * * * * *

毫无疑问，落后太多会让人们退缩，放弃，不再努力。

有趣的是，远远落后于他人并不是人们选择放弃的唯一原因，是否放弃还取决于起初人们期望与他人相比做出什么样的表现。

网球比赛中，通常都会有一位颇受欢迎的选手，或最近在其他比赛中的表现让他排名更高。与没人听过的政坛新星相比，绝大多数的人都希望目前在任的政治家竞选获胜（只要其在任期内表现很好）。

受欢迎的选手理应表现得更好，这种期望通常会带来额外的包袱。人们期望他们有好的表现，这会加剧失利的潜在影响。而弱势方失利则不会有这么大的影响，因为人们本来就觉得他们会输，即使失利也不会改变人们对他们的看法。但如果受欢迎的选手失利的话，他在人们心目中的形象会产生很大的负面影响。

因此，选手们可能会想方设法地自我设限，为自己表现欠佳找借口。

---

④ 获胜同样会有负激励，但原因却完全不同。在遥遥领先于对手时，看起来获胜毫无悬念，因此，人们会把脚从加速踏板上挪开，不会继续努力，而是变得自满起来。例如在伊索寓言著名的龟兔赛跑故事中，兔子遥遥领先于乌龟，看上去它将轻松赢得比赛。但兔子太过于自信，所以呼呼大睡起来，等它醒来时，乌龟已经获得了胜利。值得注意的是，只有大幅领先才会出现自满情绪，小幅领先不会产生这种情绪。

比如，某运动员担心会在即将到来的比赛中失利，他可能会有违常理地选择在比赛前一天到外面逗留很晚，因为这是一个非常好的失利借口。如果他第二天的比赛表现不好的话，就可以利用这个借口。失利的原因不在于他的能力问题，而是另有解释：如果他之前没在外面逗留那么晚的话，他会表现得很好。

退赛也能起到同样的作用。人们觉得某些运动员如果继续比赛的话，肯定能赢，但部分运动员还是选择了提前退赛。

研究人员发现，正是出于这个原因，人们最喜欢的选手退赛的概率更高。

对于本应获胜，但实际看上去可能要输掉比赛的选手而言，退赛变成了保存颜面的一种方式。

* * * * * *

无论人还是社会组织，都经常会选择退出。一些篮球运动员在跳投后可能会一瘸一拐，在余下的比赛中作壁上观；某些政治家会退出竞选，希望有更多的时间陪伴家人；一些公司会选择放弃某些合作项目，转而将精力放在其他战略优先项目上。

有时，退赛也有足够的理由，比如运动员的腿受伤了；这个政治家很爱自己的家人；这个项目与该公司的业务发展方向不符。

除了这些，退出则变成了一种巧妙的防御机制，人们可以借此避免失败。退出能够让我们保住我们在人们心中的美好形象，即使如果我们继续努力，兴许会变得更成功。

让社会影响发挥作用

这些想法会给我们什么启示呢？无论是鼓励销售团队继续加油还是让学生更努力地学习，社会比较都是一个强大的驱动力。告诉人们与同伴相比表现如何，可以让人们更加努力工作，提高完成目标的概率。与此同时，不精心设计的话，社会比较也会让人们心灰意冷，选择放弃和退出。

遗憾的是，很多公司和学校都崇尚胜者为王。例如，这个季度销售量最多的那个人可以升职；成绩排名第一的学生可以在毕业典礼上致告别辞。

虽然这样的策略能够激励排名靠前的那些人，但通常会让其他人感觉没有任何赢的希望。销售量只有一半的人可能会觉得自己落后太多，继而选择放弃努力；成绩得C或D的学生也会有同样的感觉，觉得既然得A看上去遥不可及，为何还要继续努力呢？

鼓励大家继续努力的一种方式是缩小比较组，即根据个人表现将大组分成不同的小组。例如，高尔夫球锦标赛的组织者会将参赛者分成不同的组别，每个组别的选手技术相当，这让球手可以与具有同等能力的人去竞争，以减少感觉自己远远落后的概率，同时有助于保持激励作用。

类似地，有些机构不会让个人与其他所有人做比较，而是向人们反馈稍稍领先的那些人的表现如何。Opower公司没有让人们与表现最好的邻居相比，而是告诉他们与类似的邻居相比表现如何。这就像落后两分的篮球队，觉得自己稍稍落后会让自己更加努力，提升再比表现。

再比如，汽车租赁公司安飞士（Avis）一直称，由于他们排名第二而不是第一，所以才会更加努力。哈佛大学的托德·罗杰斯（Todd Rogers）教授和加州大学伯克利分校的唐·穆尔（Don Moore）教授在政治领域对该观点进行了测试。他们给100多万名佛罗里达州民主党人发了邮件，称他们的州长候选人在投票中稍稍领先或者稍稍落后。如果强调其支持的候选人落后，筹集的竞选资金可以增加60%，人们会为此多贡献一分力量。

这些观点甚至对选择应聘者也有参考价值。选择能力足够、但该工作对其有一定挑战性的应聘者，通常干劲更足。例如，2008年奥巴马总统的竞选团队任命各州主管时，他们喜欢选择之前的副主管，而不是此前多次做过主管的那些人。因为副主管通常会觉得自己稍稍落后于主管，所以工作更有动力，沾沾自喜的可能性更小。

在招聘、集资，乃至节能等方面，人们不是按部就班的机器人。与他人相比自己表现如何，会影响人们的努力程度。

* * * * * *

社会助长效应同样可以让人做到最好。无论是跑半程马拉松还是努力减几斤肉，都可以利用同伴的表现来提高成功的概率。

至少，在同伴面前，我们要守信用。人们会给自己计划每周至少锻炼几次，但时常会因工作、家庭和生活等原因选择放弃。但如果有人等着和你一起去健身的话，你就很难爽约，进而无形中提高我们坚持健身的概率。

同伴也可以激励人们加倍努力。自己一个人完成某项任务时，遇到点困难就很容易懈怠，但如果有同伴一起参与的话，我们就不容易放弃。就像在赛道上冲刺的蟑螂一样，有同伴在场时，我们往往会付出更多的努力。即使我们好胜心并不强，有同伴在场也会让我们坚持完成任务。

如果你无法找到健身伙伴的话，那就在有人的地方跑步，或者去健身房。有他人在场可以激励我们110%的努力。[42]

---

[42] 有两点需要说明。第一，不要和能力远在你之上的那些人直接进行对比。专业赛跑运动员可以给你提供很好的建议，但总是和他们一起跑，会让自己觉得能力欠缺太多，而最终选择放弃。你最好选个比自己略好或略差的人。如果对方略好的话，会让你更加努力；如果对方略差，至少会让我们自我感觉很好。

第二，让刚入门人员参与进来要慎重。如果某人此前从未投过篮的话，其他人可以提供建议，但同时可能会让他更焦虑。如果让他从某个熟悉的人身上学习，就可以有效减少潜在的负面影响。

Conclusion: Putting Social Influence to Work

06

结语：让社会影响发挥作用

居住地点能否影响你的健康和幸福……选择自己的影响力……

* * * * * *

美国一直被视为一个充满机遇的地方，但移民者遭遇的现实却远非如此。20世纪早期，刚刚来到纽约城（New York City）的新移民经常十几个人挤在一间屋子中，房屋还摇摇欲坠。一群流浪儿童挤在壁炉边取暖，或者在大街小巷帮人擦皮鞋或乞讨。贫民窟一片贫穷和凄凉的混乱场面，破旧的木棚房挤在一起，很容易让人以为到了某个贫穷国家。

受这种情况刺激，20世纪30年代，美国开始发展公共住房。作为富兰克林·罗斯福（Franklin Roosevelt）新政的一部分，《国家工业复兴法案》（*National Industrial Recovery Act*）促使公共工程管理局（Public Works Administration）清理贫民窟，为低收入者建造住房。1936年，第一个公共住房项目在亚特兰大开工。十年之后，全美建造完成了50多个此类项目。

会有知名建筑师被请来为社区做设计，旨在促进人际互动交流。公共住房中有孩子们集中玩耍的场所，还有图书馆和幼儿园等综合服务中心。有些房屋甚至还有单独的浴缸和电灶，这在当时可是奢侈品。

原本这些住房项目是用来消除贫民窟的，但很快这些住房本身就变成了贫民窟。自然变质和年久失修，使得这些住房开始发霉，还有人蓄意破坏，蟑螂四处横行。住房本身建造质量低劣，加之管理不善，使得民众普遍不满，房屋空置率很高。

最初设计的公共住房标准很高，并且广泛面向申请人，最终却变成了人们走投无路时的选择。如今它成了贫困、犯罪和种族隔离的多发区。政治家们拒绝在中产阶级和工人阶层附近建造这种住房，而是将其集中建在城市中本来已经非常贫困的地区。很多白人纷纷从城内逃至郊区，且收入方面的要求让人们进一步分化，很快，只有那些没其他地方可去的人才会留在公共住房内。

从20世纪60年代末70年代初起，政府开始尝试一种新的解决方式——试验住房补贴计划。该计划不仅关注房屋供应方面（建设了多少低收入住房），同时还关注需求方面。它不仅为特定属性的开发项目提供"项目型"帮助，同时还给各个家庭发放代金券。这种租赁型补助涵盖了家庭收入的25%与市场价格之间的差价，并且可以在任何接受这种代金券的地方使用。人们不再受限于公共住房项目，可以自由选择搬到自己喜欢的地方。

发放代金券是为了鼓励人们搬到更好的地方居住。低收入家庭有了更多的选择，他们不用聚集在公共住房中，可以搬到犯罪率更低、贫困人口更少的地方。

遗憾的是，很多人并没有这么做。最终人们发现，问题不在于人们有没有更多的选择。这些贫困家庭在租金方面得到了帮助，但却面临着一系列的其他障碍。他们不了解其他可以去的居住地点，不知道那里有没有歧视，以及当地的其他情况，同时他们也没有交通工具，这些因素加在一起，使人们只能继续待在极度贫困的社区中。表面上看，他们有机会去任何地方，但实际上人们无法做到这点。

* * * * * *

1992年，美国政府推出了一个名叫"搬向机遇"（Moving to Opportunity）的新计划。深刻认识到了此前工作中遇到的困难，该新计划将租房代金券与集中找房和咨询服务综合在一起，为让人们有能力搬家提供了更多的支持。

最初的工作仅在大都市区中成规模的城市里开展。美国有21个可能的实施地点，经过筛选只留下5个：巴尔的摩、波士顿、芝加哥、纽约和洛杉矶。

在各个城市中，当地公共住房管理局通过传单、租客协会和其他一系列的方式招揽计划参与人员，参与者仅限于有孩子的低收入家庭。这些家庭必须住在公共住房内，或者生活在位于贫困地区的项目制的第八住房补贴住所内。该地区的贫困人口率至少要达到40%。有3/4的申请者都靠社会救济生活，其中高中毕业的人不足一半。

需求如此众多，只能靠抽签确定入选者。"搬向机遇"计划名副其实，它不仅鼓励大家搬家，同时还鼓励人们搬到贫困率更低的社区中。申请者在寻求租赁私人住房的过程中会得到建议和帮助，但这些房子必须位于贫困率低于10%的区域。该计划还鼓励低收入家庭从美国最令人苦恼的城市社区搬到完全不同的环境中。

这点对"搬向机遇"计划来说至关重要。数十年来，科学家和政策制定者们一直在争论所谓的"邻里效应"（Neighborhood Effects）的作用。生活在贫困率较高的地区中，人们在很多方面都过得不好。在贫困社区中长大的孩子的智商更低，语言能力和阅读能力更差，青少年失学率更高，更容易出现暴力和犯罪行为，抑郁、失业、酗酒和精神问题出现的概率也更高。在收入、健康和教育等方面，来自贫困社区的人们都表现得更糟糕。

但人们并不清楚这种差异的起因何在。在贫困社区中长大的人们面临的挑战会更大。犯罪率一直居高不下，学校缺乏资金，政府服务品质低，种族隔离现象高发。高收入工作机会更少，获得好工作的阻力更大。

总体来说，贫困社区与富裕社区的人在很多方面都差异巨大。

我们很难确定造成这种差异的原因。到底是因为个人和家庭环境因素，还是只是由于邻里效应的影响？贫困社区中长大的孩子学习成绩更差，是因为学校差还是因为父母本身就没受过良好的教育？居住在贫困率高的地区的人们往往有更多行为和精神健康方面的问题，是因为他们天生如此还是居住地点所致？

这是一个经典的先天与后天的问题。一个人的生活质量到底有多少取决于基因，又有多少取决于环境？多少取决于人的本性，多少取决于周围环境？

该问题的答案具有重要的政策含义。政府到底应该在辅导计划上多花钱，还是要投钱让贫困家庭搬到高收入地区？到底是要关注个体健康，还是注重改善社区环境？

"搬向机遇"计划本身提供了一个独特的探究这些问题的机会。政府随机选择一些家庭，让他们有机会搬到更好的社区；另一些家庭则待在原地。科学家们可以就此研究邻里效应对人们生活质量的影响，是后天还是先天因素的影响。

＊　＊　＊　＊　＊　＊

多年之后，在分析数据时，科学家们发现了一些令人印象深刻的效应。当人们搬到低贫困率地区之后，大人和孩子的健康和幸福感都有了明显的改善；青少年的犯罪率降低了35%，受伤或患哮喘病的概率也降低了；女孩吸食大麻的概率变小了，因财产犯罪被捕的现象也少了很多；成人患肥胖症、遭受心理困扰和抑郁症的概率降低了。在降低肥胖症患病可能性方面，搬家似乎可以和吃药起到同样的效果。

但这个计划最突出的作用表现在经济成果方面。在孩子13岁之前搬到低贫困率社区的家庭中，孩子上大学的概率更高，且能找到更高收入的工作。而且这些孩子长大成人后，可以生活在更好的社区中，他们成为单亲父母的概率也更低。

搬家效果相当可观。在这些孩子二十几岁时，与那些没有搬家的孩子相比，他们的年收入高了近33%。[43]

---

[43] 在相关的研究中，人们研究了在不同地区长大对于此后期望的人生收入会有多大程度的提升或损害。例如，孩子在新泽西卓尔根地区每多成长一年，成年后的家庭收入就可提升0.7个百分点。但在纽约曼哈顿地区每多成长一年，随后的家庭收入会减少超过0.5个百分点。这个数字本身并不大，但把20年的经历加在一起差别可就相当大了。与美国平均水平相比，在卓尔根地区长大能够将一个人的收入提高约15%，而在纽约城长大将使收入降低大约10个百分点。要了解更多信息，请访问网站 http://www.equality-of-opportunity.org/。

而且，搬家时孩子的年龄越小，这种作用越明显。如果在孩子8岁时就搬家，这个孩子在整个职业生涯中可以多挣近30万美元，远远超过为补贴代金券额外付出的成本。

搬到更好的社区使得人们的生活变得更好，并且在更好的社区中生活的时间越长，他们的生活变得越好。

总而言之，生活地域对我们的人生有着重大的影响。

* * * * * *

邻里效应当然也是多层面的。环境可以改善人们的健康状态和幸福感，这背后有多种原因。有些区域的零售店产品更多样，有更多的师资，孩子们玩耍的社区中心也更多。所有这些都会让其中的居民更幸福、更健康、更富有。

另一大关键因素在于其他人，即我们身边的人。他们喜欢体育运动还是看电视？他们是在参加辩论赛还是在吸毒？

无论你是在贫困社区中长大的孩子，还是生活在富裕社区中的企业高管，你的周围每天都会出现很多人：隔壁家的小孩，办公室中的同事，还有一起游泳的人。

环境会决定我们的命运吗？当然不会。在贫困家庭中长大不会给我们判死刑，正如在富裕家庭中长大无法保证我们幸福一样。

但我们一直在受身边其他人的影响。

有时社会影响会让我们模仿他人。和在粉玉米和蓝玉米之间进行选择的猴子一样，我们会以他人的行为作为参考，简化我们的选择过程，以便让我们选择更好（更美味）的食物。我们会模仿同类的选择和行为，这种模仿行为决定了我们的一切，从如何看待某种商品到接不接受某种观点。

其他人不只会吸引我们，也会让我们生出抵触之心。点菜时我们会和同伴点不同的饮料，某些歌手太过流行时我们选择放弃追随。就像孩子会和自己的哥哥姐姐有所不同一样，我们会努力为自己塑造一个独特的、与他人有所区别的身份。即使我们不会总选择与众不同，也会想方设法让自己感觉与众不同。

我们到底是要模仿他人还是要与他人有所区别，取决于这些"他人"是谁。我们做出的选择，比如穿什么衣服、学习有多努力，以及要从事什么职业，都取决于做这些事情的是哪些人。和小绿青蛙一样，我们会选择能够传递某种想要的信息的那些事物，避开传递出自己不想要的信息的那些选择和行动。

但这并不是一个简单的非此即彼的问题，因为我们不想和他人完全一致或者完全不同。我们做出的选择和行为方式，能够让我们恰到好处地与众不同，在相似性与区别性之间找到平衡点。和金发女孩一样，我们会避开两个极端。我们喜欢那些相似度中等的事物，我们会将新鲜感的诱惑与熟悉感的舒适恰到好处地结合在一起，直至我们不再有不好的感觉。

同伴不仅会影响我们的选择，还会激励我们的行动。其他人在场会让我们骑行速度变快、节约更多能源、成功地反败为胜，但是，如果我们落后太多的话，这些人在场会让我们选择退出，选择放弃，因为差距实在太大了。

虽然其他人几乎会影响我们的方方面面，我们通常却无法意识到这些影响的存在。我们可以举出他人受社会影响的例子，但通常很难意识到社会影响对自身的作用。

* * * * * *

在本书里，我们了解了关于大学生们判断女孩魅力的试验。心理学家理查德·莫兰德发现，上课次数越多的女孩在同学眼中的魅力越大。也就是说，在别人眼前出现的次数越频繁，获得对方好感的概率越大。

多年之前，当时莫兰德还是一名大学生，他在科罗拉多州波尔德当地一家名叫"乔伊斯之家"（Joyce's）的百货店工作。和前面我们设想的那对情侣一样，一同在那工作的还有一个年轻的女孩。见过几次面之后，莫兰德觉得她很美丽，交谈几次之后，俩人开始约会，最终这位同事变成了他的妻子。

在学校和工作之外，人们没有太多的时间去见他人，所以最终往往会喜欢上身边的人。

因为与这个女孩见面的次数越来越多，所以莫兰德才觉得她越来越可爱，并最终娶了她吗？

就像我们所有人一样，莫兰德对此问题也会给出否定的回答。我们觉得爱人之所以能够吸引我们，是因为他们很有魅力、笑容很甜，而不是因为我们恰好有相同的工作。

与购买产品和选择职业一样，我们觉得自己是在有意识地选择爱人和朋友，我们认为自己的选择是基于个人偏好，而不是基于我们恰好看到过对方多少次抑或对方会让我们想起某个人。

如果站在旁观者的角度看待某个人的行为的话，难免会做出这样的猜测。

我们本质上属于社会动物。无论我们有没有意识到这一点，其他人对我们生活的方方面面都有微妙的影响，并且影响之大令人吃惊。对我们而言，社会影响虽然是无形的，但却影响巨大。我们无法看到这种影响，但并不意味着这种影响不存在。

人们往往会戴着有色眼镜来看待社会影响，哀叹人类只是随波逐流的旅鼠，盲目跟随周围的其他同类。从众不是什么好现象，模仿他人的天性，会让我们在应当提出异议时选择随声附和，或者在应当直抒己见时选择沉默不语。

但社会影响本身无所谓好坏。跟随坏人的脚步，会让世界多一份罪恶，跟随好人的脚步，会让世界更添一份美好。

我们可以选择自己所受的影响。社会影响对我们的行为有巨大影响，通过更好地理解社会影响如何发生作用，我们能够控制其作用，扬长避短。我们可以保持自己的独立性，避免随波逐流。可以让社交活动变得更富有成果，取得更大的成功。利用他人让我们做出更好的决定。在了解社会影响何时可以为我所用之后，我们可以决定何时抵制其作用，何时拥抱这种影响。

通过研究社会影响的作用机制，我们可以利用它来改善我们和他人的生活。社会影响也是一种工具，和其他工具没有区别。在了解了其作用机制之后，我们无须被动地、眼睁睁地看着这种影响发生，而是可以对其加以利用。我们还可以设计环境、创造条件，实施Opower公司以及"搬向机遇"等计划，利用社会影响力让世界变得更加美好。

你在哪里看到过社会影响的存在？周围人对你的生活有怎样的影响？你对他们的生活又起着怎样的作用？

了解无形的社会影响，会让我们所有人过得更好。

想提高自己的影响力吗？想做出更好的决定吗？

想更好地激励自己和他人吗？

*   *   *   *   *

请访问JonahBerger.com以获取更多的建议和方法。

Acknowledgments

致谢

* * * * * *

从某种程度上讲，第二本书的致谢部分要比第一本难写。如果你不确定自己会不会再写一本书的话，在第一本书中你就会感谢所有在你人生道路上曾经帮过你的人。如果最终你写了第二本书的话，情况就有点尴尬了。你要重新把帮过你的所有人再感谢一遍吗？感谢一次是否已经够了呢？无论如何，还是要再次对我在《疯传：让你的产品、思想、行为像病毒一样入侵》（*Contagious：Why Things Catch On*）这本书中提到的所有人表示感谢。没有你们的话，《传染：塑造消费、心智、决策的隐秘力量》（*Invisible Influence：The Hidden Forces That Shape Behavior*）这本书就无从谈起了。

我还要感谢其他人。感谢塔尼娅·沙特朗（Tanya Chartrand）、萨普纳·谢里安（Sapna Cheryan）和莎拉·汤森德（Sarah Townsend）一直以来提供的很有启发意义的研究想法，感谢丽贝卡·布鲁诺（Rebecca Bruno）分享的有关孩子名字的研究，感谢理查德·莫兰德（Richard Moreland）、妮可·斯蒂芬斯（Nicole Stephens）和其他一系列不厌其烦地接受我咨询的那些人。感谢西蒙与舒斯特出版社（Simon & Schuster）的本·洛恩（Ben

Loehnen）、理查德·罗雷尔（Richard Rhorer）、莫林·科尔（Maureen Cole）在和团队中的其他成员，这本书的出版经历和上一本同样愉快。感谢爱丽丝·拉普兰特（Alice La Plante）对文字进行润色，同时感谢目光敏锐的编辑玛拉·安娜·维托里诺（Mara Ana Vitorino）怀孕期间尚且坚持工作。感谢美国青少年足球联盟（AYSO）东帕罗奥图（East Palo Alto）分部的所有队员和成员允许我执教，感谢杜克大学营销系在我写作本书大部分内容时为我提供办公室，感谢临时组成的威尔胜（Wilson）篮球队成员，让我在写作之余得到了充足的休息。我的篮球水平很糟糕，希望本书能算作一个合理的借口。

深深地感谢我的合作者以及本书中提及的所有研究成果的提出者。没有你们的话，一个社会科学家不会如此有意思。我的社会心理学研究之路起源于高中时代参加的AP心理学课程，授课恩师是艾略特·爱普斯坦（Eliot Applestein）。最终我提交的论文是关于群体思维的，这让我开始思考社会影响对人类行为的作用。感谢他以及一路走来我所经历的所有老师和教授：李·罗斯（Lee Ross）、马克·雷普尔（Mark Lepper）、黑泽尔·马库斯（Hazel Markus）和菲尔·津巴多（Phil Zimbardo），以及所有抽时间与我分享该领域奥秘的人。进入这个领域让我深感荣幸。

有人曾经问过一些人，他们最喜欢的社会心理学家是谁。这个问题无法回答。除了上面提到的心理学领域权威之外，我肯定还得列出恰尔蒂尼（Cialdini）、勒温（Lewin）、谢里夫（Sherif）等人。但单纯从贡献的广度来讲，鲍勃·扎荣茨（Bob Zajonc）肯定是其中一位。本书提到的研究多少都与他有关，他在多少个领域做过贡献，统计结果可能会令你大吃一惊。他的人生经历只会让他显得更加传奇。

再次感谢吉姆·莱文（Jim Levine）。和你在一起共事的时间越长，对你的感激之情越强。你总会提出睿智的建议，并且不断提醒我，生活的成就感远不止于工作。还要感谢迪安（Diane）和杰弗里（Jeffrey）、南希（Nancy）和史蒂夫（Steve）、奇瓦（Kiva）、丹尼（Danny）、弗雷德（Fred）以及所有抽时间指引我、鼓励我的人。除了我要的建议之外，你们的热情一直鞭策我继续努力。

最重要的是要感谢乔丹（Jordan）和佐伊（Zoe）。一路走来，每一步都有你们的支持和帮助、鼓励和理解、倾听和思考、关心和激励，虽然我们都认为这远没有打网球有意思。你们的影响让人看在眼里又难以言传，对此我向你们致以深深的谢意。

《疯传：让你的产品、思想、行为像病毒一样入侵》

CONTAGIOUS: Why Things Catch On

丹尼尔·吉尔伯特 哈佛心理学教授，《撞上快乐》的作者
"伯杰比任何人都更懂得如何让信息疯传。"

查尔斯·都希格 畅销书《习惯的力量》的作者
"为什么某些思想几乎能够一夜流行，而另一些却石沉大海？为什么有些产品会无处不在，而另一些则无人问津？乔纳·伯杰知道这些问题的答案，并在这本书中揭示了疯传的秘密。"

奇普·希思 《粘住》的作者
"假如你想用更小的预算获得更大的影响力，请不要错过这本书，它将告诉你如何让事物疯狂地传播。"

李光斗 中国品牌第一人、中央电视台品牌顾问、品牌竞争力学派创始人
"揭开流行背后的秘密，引爆潮流的营销艺术，让你的品牌像病毒一样疯传。"

袁岳 零点研究咨询集团董事长
"有些流行的背后有故事，许多流行的背后有规律。这本书告诉了读者故事与规律的背后还有些什么。"

张永伟 国务院发展研究中心研究员
"在社交网络发达时期，传播的投入与产出如何更合理？本书提示：口头传播已经变得比传统广告更具优势，因为它不会夸大其

词，更能精准地锁定人群。"

罗文昊　《销售与市场》副总编

"正确地开发新产品变得越来越困难。正如本书作者所言，我们也许很容易发现流行趋势，但却很难主导、利用并掀起波澜，因为产品和思想的流行都是渐进而来的。"

俞雷　喜临门股份有限公司副总裁

"我们不用喋喋不休地强调产品的好处，而要想办法让消费者投入真实的情感，把'自己喜欢'变成'对人传播'，把临时讨论变成持续推荐。"

《金融时报》

"对于严肃的市场营销专业人士而言，本书不太可能提供任何惊人的新观点。但如果你是一位非专业人士，并试图了解在一个只有三分钟热情的社交媒体上瘾者比比皆是的世界中，怎样才是制造影响的最佳方式，那么本书能够给你提供充足的思考素材。"

《科克斯书评》

"伯杰揭示了流行产生的秘密，告诉我们为什么某些产品、思想和行为会获得巨大的社会影响力。这本书是继《引爆点》和《魔鬼经济学》之后的又一佳作，书中富含既有娱乐性又有解释力的案例，并突破性地将关注点从在线传播技术转移到人际传播因素之中。"

《出版商周刊》

"这是一本具有感染力的关于病毒营销的著作。作者以幽默、风趣的语言描绘了认知心理学和社会行为学之间的交互影响过程，着眼于帮助商人和其他群体传播他们的信息，其研究结果也可作为研究流行文化传播的基础读物。"

《今日美国》
"这是一本揭秘为何人们更愿意传播某些事物的书。"

郭广宇（鼠小疯） 三只松鼠首席品牌官
一个成功品牌的诞生，都要经历两个阶段，首要是提供服务，更高层次是输出文化；一个是品类定位上的成功，是迈向品牌的奠基石，就如三只松鼠没有坚定做坚果品类难有今天，跨过第一个阶段才有可能进入第二个阶段，这是真正品牌的阶段，赋予品牌以灵魂与内在，让它有生命，和用户情感产生更多的连接！我想《疯传》这本书就恰恰讲述了如何传播品牌的文化！

徐琨 Testin总裁
什么样的产品会流行？人们出于什么目的对自己的朋友推荐相关的产品？这本书告诉你流行其实有迹可循，提高产品的社交货币价值，即为用户提升格调，会让你的产品形成口碑，最终引爆流行。

文杰 大家社区总裁
"互联网+"的道路上除了要有社群建立的工具以外，更重要的是社群的生存问题，而《疯传》所讲述的，正是解决社群长久生存的方法。

马宗武 中央人民广播电台十佳主持人
每一个生活在现代社会的人都应该读一读这本书，企业经营者会懂得如何让产品大卖，文字抒写者会懂得让故事口口相传，即使你是普通人，读完这本书，也会懂得如何让语言和思想更具感染力。

环球网

在这个人人都有麦克风、摄像机的自媒体时代，本书基于口碑传播相较于传统广告投放的明显优势，揭示了某些产品、思想和行为能够引领潮流的深层次原因，并赋予我们制造流行的潜在力量。

蔡辉　北京晨报副刊部主任

一个人的价值不是由自我来决定的，而是由他对世界的影响、贡献来决定，所以主动把自我和世界连接起来，是提升生命价值的正途。让更多人了解你、关注你，把你的产品或想法推广给更多人，对于现代人来说，这是一门值得学习的技术，这也就是为什么，绝大多数人愿意从小城市闯进大都市，因为每个人都需要更大的舞台，需要与世界更充分地连接。本书之妙，在于提供了一整套方法，帮助人们破除积习与谬见，真正站在互联网思维上，将现代技术改造成你的传声筒与放大器。登高方能望远，大我足胜小我，善读且信行者，必能从本书中有所收获。

宋晨希　搜狐网高级编辑

如何让你的产品信息疯传？这是一门"手艺"，也是一门技术。如今，商品或者信息除了要"是"它本身之外，更要增加特有的情怀与意义。让用户和产品彼此认同，这是制胜的不二法门。道理或许大家都会讲，但操作可就不好说了。照着乔纳·伯杰书里所说的做吧，你将获得不一样的成功，让你的品牌在所有人心目中落地生根。

和讯网

随着互联网的飞速发展，口碑营销在企业营销策略中更加举足轻重，《疯传》这本书告诉我们口碑营销的核心方法，值得阅读并实践。

王义明 企业与市场网总裁、总编辑

这本书从特别的六个纬度来分析影响事件传播的各类因素，就好像建立了一个模型，非常具有实操性。如果说马尔科姆的《引爆点》是从群体角度出发，那么《疯传》就是从个体角度出发来分析营销行为。前者近似社会学，后者类似行为经济学，告诉人们渺小的个体，也可以引发现象级事件的传播。

于美苗 凤凰网资深编辑

"酒香不怕巷子深"的年代早已过去，在各种流行层出不穷的背后，究竟是怎样的一只手操控一切。《疯传》不仅让你看到真相，更让你跃跃欲试地想成为那只"手"。